IMURA Keiso　　AIZAWA Jouji
井村圭壯・相澤讓治　編著

保育と家庭支援論

学 文 社

執筆者

- ＊相澤　譲治　神戸学院大学（1章）
- 橋本　好広　足利短期大学（2章）
- 安田志津香　大阪成蹊短期大学（3章）
- 隣谷　正範　飯田女子短期大学（4章）
- 杉野　寿子　福岡県立大学（5章）
- 奥田　都子　静岡県立大学短期大学部（6章）
- 菱田　博之　飯田女子短期大学（7章）
- 大瀬戸美紀　東北生活文化大学短期大学部（8章）
- 上村　裕樹　聖和学園短期大学（9章）
- 傳馬淳一郎　名寄市立大学（10章）
- 太田　顕子　関西女子短期大学（11章）
- 安田　誠人　大谷大学（12, 13章）
- ＊井村　圭壯　岡山県立大学（13章）
- 佐藤　光友　同志社女子大学（14章）

（執筆順・＊は編者）

はしがき

　今日，家庭や家族にかかわる社会的な問題が頻出している。たとえば，不登校，ひきこもり，家庭内虐待，育児不安などがあげられる。少子化の動向のもと，合計特殊出生率が低下し，子どもの人数も減少していることも事実である。

　また，子どもの貧困も加速化している状況にある。子どもの貧困率は15.7％（厚生労働省2009年調査）となっており，約6人に1人が貧困状態であるといわれている。また，母子世帯は66％が貧困状態であるが，ひとり親家庭への支援も不十分な状態である。

　一方，地域に目を向けると家庭を支えるだけの力にはなっていない地域社会において，家族が孤立化している現状もある。地域全体で子育てを見守り，子育てを支援するしくみづくりも課題であるといえよう。

　本書は，保育士養成科目『家庭支援論』に対応した内容となっている。保育士の仕事として，「保護者に対する保育に関する指導」もあげられる。保育士の主な業務は，乳幼児の保育であるが，乳幼児を含む家庭全体を支援する必要性がますます増している。本書では，家族の意義，役割，子育て家庭への支援体制や保育所，家庭，地域とのネットワーク（連携）など，社会全体で子育て支援を行っていくことの重要性について述べている。家庭全体を支える保育者の視点が不可欠だからである。本書を通して，家庭支援の基本的内容と方法を学んで欲しい。

　出版の執筆，編集にあたっては，各執筆者の方々，そして学文社社長田中千津子氏，編集部の方々には大変お世話になった。紙面を借りて感謝申し上げる。

2015年1月1日

編著者

目　次

はしがき……………………………………………………………………ⅰ

第1章　家族の意義と機能……………………………………………1

第1節　家族の意味　1

　1．家族の定義　1／2．家族の形態　2

第2節　家族の意義　3

第3節　家族の機能　5

第2章　家庭支援の必要性……………………………………………7

第1節　家庭がおかれた状況　7

　1．社会構造の変化　7／2．家庭が直面した困難　8／3．多問題家族の出現　9

第2節　家庭を支える制度体系　9

　1．社会福祉のパラダイム変化　9／2．児童家庭福祉の政策　10／3．家庭と家庭支援政策との関係　11

第3節　家庭支援の必要性　11

　1．保育士の位置付け　11／2．社会的養護での家庭支援　12／3．保育士が行う家庭支援の視点　12

第3章　保育者が行う家庭支援の原理………………………………15

第1節　家庭支援の考え方　15

　1．倫　理　16／2．専門的知識・技術　16／3．判　断　17

第2節　保育者が行う家庭支援　17

　1．子どもの最善の利益を考慮し，子どもの福祉を重視すること　18／
　2．保護者とともに，子どもの成長の喜びを共有すること　18

3．保育士の専門性や，保育所の特性を生かすこと　19／4．保護者の養育力の向上に資するよう，適切に支援すること　19／5．保護者一人ひとりの自己決定を尊重すること　19／6．保護者や子どものプライバシーの保護，知り得た事柄の秘密保持に留意すること　19／7．子育て支援に関する地域の関係機関，団体等との連携及び協力を図ること　20

　第3節　家庭支援の展開　20

第4章　現代の家庭における人間関係 ……………………………… 25

　第1節　ライフサイクルの変化・多様化　25

　　1．出生数の減少及び子どもの扶養期間の長期化　25／2．寿命の伸長　27

　第2節　家族内の関係　28

　　1．夫婦関係　28／2．親子関係　29／3．きょうだい関係　30／4．祖父母との関係　31

　第3節　家族の結び付き　32

第5章　地域社会の変容と家庭支援 ……………………………… 35

　第1節　地域社会の変容　35

　　1．人びとの暮らしの変化と地域社会　35／2．地域社会の変容と子育て　36

　第2節　地域のつながりと家庭の近隣関係　37

　　1．地域のつながりの変化　37／2．地域のつながりに対する意識　38／3．子育て家庭の近隣関係　40

　第3節　子育てしやすい地域社会の形成　41

　　1．社会への貢献　41／2．地域住民による子育て支援活動　41

第6章　男女共同参画社会とワーク・ライフ・バランス …………… 45

　第1節　男女共同参画の推進とワーク・ライフ・バランス　45

　　1．男女共同参画社会とは　45／2．ワーク・ライフ・バランス（仕事と生活の調和）　46

第2節　ワーク・ライフ・バランスの現状と課題　47

　　1．根強い性別役割分業意識　47／2．生活時間にみる夫婦間のワーク・ライフ・バランス　48／3．子育て世代のワーク・ライフ・バランス　50

第3節　子育てにやさしいワーク・ライフ・バランスの実現に向けて　51

　　1．企業とそこで働く人びとの役割　51／2．国や地方公共団体の役割　52／3．個人の役割　53

第7章　子育て家庭の福祉を図るための社会資源　55

第1節　子育て家庭を取り巻く状況　55

　　1．子育て家庭を取り巻く現状　55／2．子育て家庭支援施策の基本方針　55／3．子育て家庭を支援する制度　56

第2節　子育て家庭のための社会資源　56

　　1．社会資源とは　56

第3節　これからの子育て家庭支援における社会資源　63

　　1．子ども・子育て支援新制度　63／2．子育て家庭と社会資源をつなぐには　64

第8章　子育て支援施策・次世代育成支援施策の推進　67

第1節　エンゼルプランから新エンゼルプランまで　67

　　1．エンゼルプラン　67／2．緊急保育対策等5か年事業　68／3．少子化対策推進基本方針　68／4．新エンゼルプラン　69

第2節　待機児童ゼロ作戦から子ども子育て応援プランまで　70

　　1．待機児童ゼロ作戦　70／2．少子化対策プラスワン　70／3．少子化社会対策大綱　71／4．子ども・子育て応援プラン　71

第3節　新待機児童ゼロ作戦から子ども・子育て関連3法まで　72

　　1．新待機児童ゼロ作戦　72／2．子ども・子育てビジョン　73／3．子ども・子育て関連3法　73

第9章　子育て支援サービスの概要……………………………………75

第1節　子育て支援サービスの役割　75
　　1．子育て支援事業　75／2．子育て支援の必要性　76

第2節　保育サービスによる子育て支援　77
　　1．保育施設　77／2．多様な子育て支援サービス　78

第3節　子ども・子育て支援新制度　79
　　1．地域型保育事業　80／2．地域子ども・子育て支援事業　81／3．今後の課題　83

第10章　保育所入所児童の家庭への支援………………………………85

第1節　保育所に求められる子育て支援　85
　　1．保育所の役割　85／2．保護者への保育指導　85／3．家庭との連携　86

第2節　日々のコミュニケーション　87
　　1．保護者との信頼関係　87／2．保護者からの感謝の言葉　88／3．職員同士の人間関係　89／4．子どもの育ちに寄り添う保育士　90

第3節　保護者にとって身近な保育所であるために　91
　　1．園行事やお便り　91／2．保護者の交流を促すこと　92／3．保育相談　92

第11章　地域の子育て家庭への支援……………………………………95

第1節　地域における子育て支援の必要性　95
　　1．地域の子育て力の低下　95／2．在宅で子育てをする地域の保護者と子どもに対する子育て支援の必要性　97

第2節　地域の子育て支援における取り組み　98
　　1．地域子育て支援の歩み　98／2．地域子育て支援拠点事業（一般型）　98／3．ノンプログラム型子育て支援　99

第3節　父親への子育て支援　100
　　1．父親になるということへの支援　100／2．イクメンプロジェクト　101

目 次 vii

第12章　要保護児童及びその家庭に対する支援 …………………………103
　第1節　障がいのある子どもやその家族への支援の必要性の気付きと
　　　　　家庭支援　103
　第2節　障がいの定義　105
　　　1．障がい児　105／2．身体障がい　105／3．知的障がい　105／
　　　4．精神障がい　106／5．発達障がい　106
　第3節　障害児施策の概要　107
　　　1．児童福祉法における施設サービス体系　107／2．障害児通所支援
　　　108／3．障がいの予防・早期発見・早期療育　108／4．経済的支援
　　　109

第13章　子育て支援における関係機関との連携 ………………………111
　第1節　関係機関との連携の必要性　111
　第2節　相談援助に関係する関係機関　112
　　　1．児童相談所　112／2．福祉事務所　113
　第3節　相談援助に関係する関係施設，その他　114
　　　1．乳児院　114／2．学童保育（放課後児童健全育成事業）　115／
　　　3．地域子育て支援拠点事業　115

第14章　子育て支援サービスの課題 ……………………………………117
　第1節　地域における子育て支援のための社会資源　117
　第2節　地域における子育て支援拠点事業の課題　118
　第3節　今後の子育て支援，家庭支援の課題と展望　120

索　　引……………………………………………………………………123

第1章

家族の意義と機能

第1節　家族の意味

1．家族の定義

　家庭は多くの人にとっていちばん身近な場所である。一般的には，家族が日常生活において生活する場を家庭とよんでいる。

　家族とは，森岡清美によると次のように定義される。

　「夫婦関係を中心として，親子，兄弟，近親者によって構成される，第一義的な福祉追求の集団である。ただし，これらの要件をすべて充足する必要はなく，夫婦の一方を欠く父子のみや母子のみであっても，親又は子あるいは夫婦のみであっても，血縁関係を欠く養親子であっても家族に含まれる」[1]。家族が福祉追求，つまり家族メンバーのしあわせを目指す第一義的な集団としていることに特徴がある。

　厳密には，婚姻によって成立した夫婦を中心に，その近親者（兄弟，祖父，祖母）が生活をともにする集団が家族である。実際に同居している人だけでなく，就職や就学などで同居しない人も家族に含まれる。この家族を「他出家族員」という。

　次に，家庭自体の一般的な定義を紹介すると以下のようになる。

　「家族の心理集団の側面，とくに人間関係や雰囲気の面から家族をとらえた

もの」[2)]が家庭である。

家族や家庭に類似した用語に,世帯がある。世帯は,「国勢調査」(5年ごとに実施)の基本単位である。世帯とは,「居住及び,あるいは生計を共にする社会の生活単位」を意味している。血縁関係や婚姻関係のない者も含むが,単身赴任や進学のために独居している人は除外される。統計上は,現実の家族を把握することが困難なため,国勢調査では家族の代わりに世帯の定義が採用されている。

2．家族の形態

家族の形態として,まずあげられるのは「定位家族」と「生殖家族」である。定位家族とは,その人の意志とは無関係に子として生まれた家族のことである。そして,生殖家族とは自らが結婚して形成された家族である。

家族構成に焦点をあてた類型としては,核家族,複婚家族,拡大家族がある。核家族は,夫婦のみ,あるいは夫婦と未婚の子どもから構成された家族形態であり,家族の基礎的単位といえる。複婚家族は,一夫多妻婚,一妻多夫婚,あるいは集団婚などの複数の配偶者から成る複婚によって成立している家族であり,拡大家族は核家族に親・兄弟・姉妹などが同居する家族のことである。

また,家族の続柄や連続性に着目した家族類型として,直系家族と夫婦家族がある。直系家族は,子どもの1人が結婚後も親と同居し,単独相続をくりかえしながら次の世代へと継承している家族である。主に後継ぎである長男が継承していくパターンであり,わが国では伝統的な「家制度」の家父長制家族が典型的である。一方,夫婦家族は,夫婦と未婚の子どもからなる家族である。直系家族は家の伝承性があるが,この類型では夫婦一代限りとなる。

このような家族類型以外,現在は多様な家族のあり方が生じてきている。たとえば,ひとり親家族やステップファミリーも増加し,家族自体の定義も多様化している。

ステップファミリーとは，再婚によって形成された血縁のない親子関係を含む家族のことである。配偶者の少なくとも一方の結婚前の子どもと一緒に生活する家族形態である。離婚や死別後に子連れで結婚するケースである。

また，近年の新しい家族形態としてディンクスとデュークスがある。

ディンクス（DINKs）とは，子どものいない共働きの夫婦をいう。結婚後も夫婦それぞれが仕事をもち，意識的に子どもをもたないことで経済的，時間的にゆとりのある生活を営もうとする夫婦のひとつのライフスタイルである。DINKs とは，double income, no, kids の頭文字である。

デュークス（DEWKs）は，夫婦がともにフルタイムで働きながら子どもを育てていく夫婦のことである。DEWKs とは，dual, employed with kids の頭文字である。

第2節　家族の意義

社会学者パーソンズ（Parsons, T.）は，家族をひとつの小集団として社会システム内における2つの役割を家族にも適用させて，手段的役割と表出的役割に分類している。手段的役割とは，家族外部からの情報やさまざまな資源を手に入れることで生活手段を整備し，家族を社会的に適用させる役割を意味している。主に夫・父によって分担される。また，表出的役割とは，家族の情緒面での統合と精神的安定をはかる役割である。主に妻・母によって担われる。

「国民生活に関する世論調査」（内閣府2017年6月調査）によると，家族の意義と役割を国民は次のように答えている（上位4つ）。

(1) 家族の団らんの場　　　65.2%
(2) 休息，やすらぎの場　　64.0%
(3) 家族の絆を強める場　　54.8%
(4) 親子が共に成長する場　37.9%

毎年の統計結果においても，この4つの理由は上位を占めている。このこと

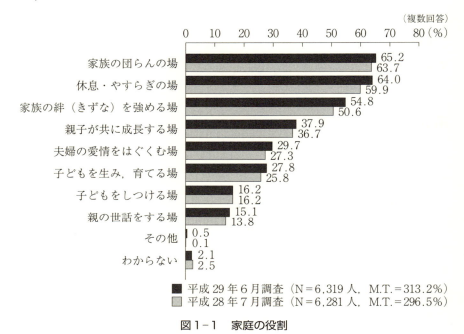

図1-1　家庭の役割

出所）「国民生活に関する世論調査」（内閣府，2017年）

から，家族成員同士の情緒的なやすらぎや愛情と安息の共同体の場が家族の存在意義であり，役割であるといえる。その意味で特に，乳幼児をはじめとする子どもたちにとって，家族の果たす役割はとても大きいといえるだろう。

たとえば，乳幼児期が終わり学童期の子どもたちは学校生活がはじまる。新しい集団のなかに入り，新たな人間関係を築きあげていかなければならない。勉強することが中心の学校になじめない子どももいるだろう。また，決められた時間通りに動いていかなければならないことにとまどう子どももいる。

しかし，友だちとの仲間関係のなかで，ルールを知り，友だちとの生活習慣とのちがいにも気づき，学んでいく機会が学校である。緊張した学校生活から帰り，家族とともにすごす。子どもたちにとって，家族は学校生活のこと，友だちとの遊びのことなどを聞いてもらえる存在である。親子にとってのコミュ

ニケーションの機会ともなる。

前述の調査にあるように，子どもにとって家族は団らんの場，やすらぎの場であるといえる。

第3節　家族の機能

家族の機能に関する説としては，パーソンズの2機能説とマードック（Murdock, G. P.）の4機能説がある。

パーソンズは，現代家族の基本的な機能として，①子どもの基礎的社会化，②成人のパーソナリティの安定の2つをあげている。①は，子どものパーソナリティを形成し，基礎的な道徳心や価値観を習慣化させることによって社会の一員となるように育てていくことである。②は，家族はその構成員である大人たちのパーソナリティの安定化を目指すことである。

また，マードックは人間社会にとって普遍的な核家族の本質的機能として次の4点を指摘している。

(1) 性的機能……性的欲求の充足，社会における性的秩序の維持
(2) 経済的機能……出産，消費の主体
(3) 生殖的機能……子どもを産むこと，社会の次世代の生産
(4) 教育的機能……子どもを育てること

しかし，近代化，産業化とともに家族規模の縮小，世帯数の増加，家族内の成人メンバーの少数化等々が生じ，家族機能は変化をもたらしている。

他方，オグバーン（Ogburn, William F.）の指摘にあるように，①家族の経済，②地位付与，③教育，④保護，⑤宗教，⑥娯楽，⑦愛情という7つの機能は，愛情以外他の専門的な制度やシステムに吸収されてきている。この説は，「家族機能縮小説」とよばれる。いわば，家族機能の社会化が生じているのである。たとえば，育児を含め教育的機能，保護的機能が保育所や幼稚園に，高齢者の保護が高齢者福祉サービスに代替されている。また，親から生活

文化を伝えてもらったり，社会の価値観を教えてもらう機能もほとんど喪失している。そこで，残された家族機能が愛情であり，やすらぎの場としての家庭となる。

しかし，現実の家庭はやすらぎの場となっているであろうか。虐待，DV などの社会的問題が家庭内で引き起こされている現実がある。

1970 年代の日本型福祉社会論においては，「家族を福祉の含み資産」ととらえ，家族に育児，介護を含め過大な役割を期待していた。わが国の社会保障・社会福祉システムは，夫婦の役割分担や伝統的な家族機能を前提にしている。そのため，家族機能の縮小化のなかで，乳幼児の保育や高齢者の介護は限界を生じている。また，女性の社会進出があたりまえになっている現実のもと，家族全体を支えるシステムが不可欠であるが，決して十分とはいえない状況にある。

ワーク・ライフ・バランス（仕事と生活の調和）のためにも，家族全体をサポートする制度（システム）が必要である。だが，家族構成でいえば，1 人暮らし高齢者，勤労世帯の単身世帯，親と同居する未婚者の増加などでこれまでの家族機能自体の考えを新たに検討していくことが課題といえる。

注

1) 森岡清美・望月嵩『新しい家族社会学（4訂版）』培風館，1997 年，p.4
2) 山根常男『家族』有斐閣，1977 年，p.4

参考文献

マードック，G. P. 著，内藤莞爾監訳『社会構造（新版）』新泉社，1986 年
パーソンズ，T. ・ベールズ，R. F. 著，橋爪貞雄ほか訳『家族―核家族と子どもの社会化』黎明書房，2001 年
グード，W. J. 著，松原治郎ほか訳『家族』至誠堂，1967 年
大豆生田啓友・太田光洋・森上史朗編『よくわかる子育て支援・家庭支援論』ミネルヴァ書房，2014 年
森岡清美『発展する家族社会学』有斐閣，2005 年
相澤譲治・栗山直子編著『家族福祉論』勁草書房，2002 年

第2章 家庭支援の必要性

第1節　家庭がおかれた状況

1．社会構造の変化

　経済の側面からみると、日本は第2次世界大戦後、高度経済成長期を経て、目覚ましい発展をとげた。その後、高度成長期から安定成長期を経て、バブル景気になった。しかし、バブルの崩壊後、低成長期をむかえている。このような経済動向のなかで、家庭のおかれた状況も、大きく様変わりをしてきた。

　まずは、産業構造の変化である。第1次産業の従事者が減り、第3次産業の従事者が多くを占めるようになった。その変化に伴い、労働者は農村部から都市部へ流入した。これにより、農村部は過疎化や高齢者問題に直面し、都市部では人口の集中や核家族化が進んだ。家庭は、経済環境や労働環境の影響を大きくうけることとなった。女性の社会進出、夫婦共働き、非正規労働者の増大、転勤を繰り返す労働者の存在などである。

　もうひとつ欠かすことのできない状況は、人びとの価値観の多様化である。男女の結婚観は時代とともに変化をみせている。初婚年齢があがり、合計特殊出生率も低い推移をみせている。他方では、近年、離婚率や再婚率も高くなっている。それにより、ひとり親家庭やステップファミリーという家族構成も生まれている。

2．家庭が直面した困難

　このような社会構造がもたらした変化は，家庭におけるさまざまな課題の要因のひとつとなっている。都市化はコミュニティー，血縁，地縁の弱体化をもたらした。不安定な労働環境が経済格差をもたらし，貧困問題が緊急の課題となっている。

　その結果，子育て世代は，従来なら親の親（つまり祖父母）と2人3脚で子育てをしていたかもしれない，地域の人びとが一緒に子育てを支えてくれたかもしれない，このような状況が崩壊をしてしまったのである。子育てする過程で，サポートしてくれる人材がいない，公的，民間問わず必要な社会資源の情報が入ってこない。親は地域で孤立する状況が生まれ，育児不安や育児ストレスを抱えるリスクが増大してしまった。いわば社会的排除（ソーシャルエクスクルージョン）の状況がそこにある。子ども虐待は，このような背景が要因のひとつとなっている。また，親が精神疾患を患うケースも増えている。夫婦間の状況も，ドメスティックバイオレンスに代表されるように，時として凄惨な状況におかれることが起こっている。これらの困難な状況が，社会的養護を必要とする子どもを生み出す要因のひとつともなっている。

　また，共働きをしたい家庭にとっても，待機児童問題が切実なものとなっている。子どもを預ける場所がなくては，働きにいくこともできない。共働きをしなくてはならない理由によっては，貧困の出発点ともなるかもしれない。また，保護者の育児ストレスという観点からも，待機児童問題は切実である。一方で，近年はワーク・ライフ・バランスが重要視されている。家庭と仕事の両立を支えるためにも，家庭支援の必要性は増すばかりである。

　さらには，外国人労働者が増えてきたことに伴い，外国籍をもつ家庭や子どもの存在にも対応をせまられてきている。言語の問題から，地域のなかで孤立する保護者の存在。家庭では母国の文化や思想のなかで生活を送っているが，日本式の文化や思想に基づき保育や教育を受けざるをえない子どもたち。日本と母国との文化の狭間に，アイデンティティ・クライシスの状況に陥ってしま

いかねない家庭が存在している。

3．多問題家族の出現

　家庭を取り巻く上記のような困難な状況は，一つひとつが単発で発生するとは限らない。

　たとえば，夫婦と1人の子どもの家庭があったとする。正社員の夫がリストラにあい，夫婦共働きでアルバイトをはじめた。収入は半分に減った。収入を増やそうとしてアルバイトをかけもちするようになり，夫婦は体調を崩した。このような日常が夫婦のストレスを増大させ，夫は妻に，妻は子どもに，暴力をふるうことにより，ストレスのはけ口を求めるようになった。暴力の一方で，倦怠感から，子育てに対して手を抜くようになっていった。子どもは，母親からうける暴力で，体のいたるところに痣ができている。その痣を，学校で友人から聞かれるようになった。また，いつも同じ洋服を着て学校に行くので，そのことも友人から，からかわれるようになった。子どもは次第に学校に行きたがらなくなり，やがては不登校となり，1日中自室で親の暴力に怯えながら引きこもっている。

　これは例え話ではあるが，このように，問題は複合的に関係性をもって出現してくるのである。このように同時にニーズや課題を複数抱える，多問題家族があらわれているのである。

第2節　家庭を支える制度体系

1．社会福祉のパラダイム変化

　わが国の社会福祉の変遷を紐解くと，生活問題は個人の自助努力の結果発生するという価値観から，個人と環境との関係性のなかで発生してくるという価値観にかわってきた。また，援助のシステムについても，地域住民の互助救済のみが中心の時代から，スティグマを伴う公的救済がはじまり，現在では，権

利性を有した多様な運営主体のサービスが展開されている。子育ての各種サービスを利用したい家庭は，好きなサービスを自由に組み合わせて利用することが可能となっている。

2．児童家庭福祉の政策

　そのなかで，児童福祉の世界も例外ではなく，子育ては保護者が全責任を負うというような価値観から，子育ては社会全体で担っていくものという認識が広く浸透しつつある。また，子ども観についても，従来は，受動的な権利の対象者としての子ども観から，子どもの権利条約批准以後は，権利の主体者としての子ども観の性格を帯びるようになった。さらには，子どもに起こる各種の困難は，子ども自身のなかから自然発生するわけではなく，各種の環境との関係性のなかで発生するという考え方が認識されてきた。このような価値観の変化に伴い，児童福祉も「児童家庭福祉」という概念にかわった。

　この児童家庭福祉という概念のもとで，家庭支援の各種の法律や政策が展開されている。1994（平成6）年の「エンゼルプラン」を皮切りに，1999（平成11）年の「新エンゼルプラン」，2000年以降は，2003（平成15）年「次世代育成支援対策推進法」，2005（平成17）年「ファミリー・サポート・センター事業」，2009（平成21）年「地域子育て支援拠点事業」，2010（平成22）年「子ども・子育てビジョン」，2012（平成24）年「子ども・子育て関連3法」など，さまざま内容が展開されている。

　特に，2012年8月に「子ども・子育て関連3法」が可決・成立され，これに伴う新たな子ども・子育て支援制度が，2015（平成27）年4月より開始された。この政策により，子育てをする家庭はどのような影響をうけるのか。さまざまな試算は各方面からなされているが，現実的にどのようになっていくのか，今後の動向が注視される。

　また，相談支援体制も，児童相談所を中心として，福祉事務所，保育所，各種児童福祉施設，NPOやNGOの団体，民間団体と，公営，民営問わず，さ

まざまな相談機関が存在している。

3．家庭と家庭支援政策との関係

　家庭を支える各種政策は，充実をみせている。家庭が必要としている政策が，一つひとつの家庭まで，しっかりと行き届けばいいが，現実はそうならない場合もある。地域によって，政策や社会資源に偏りがある。近年どこの地方公共団体も財政難の状況ではあるが，それでも地域差がうまれている。また，サービスへのアクセス性も重要な点である。さまざまな困難を抱えた家庭が，各家庭の課題やニーズに沿って必要なサービスをどのように手に入れるのか。それには，サービス提供側の情報公開の工夫が求められている。

　また，権利性を有するサービスは，同時に利用料も発生する。応能負担から応益負担への利用料の変化は，低所得家庭や貧困家庭にとって，支援サービスが敷居の高いものへと変貌してしまった。これらの家庭に対しては，より手厚い対応が必要となっている。

　相談支援を行っていく人材もより専門性が求められるが，ここにも各種課題が存在する。人材の資格要件にばらつきがある。非常勤の雇用者が多く，支援者の側の身分保障が確立されていない。これらの結果として，相談支援のエビデンスが蓄積されないなど，支援を必要とする家庭にしっかりと寄り添えていない可能性がある。

第3節　家庭支援の必要性

1．保育士の位置付け

　保育士は「児童福祉法」第18条の4において，「この法律で，保育士とは，第18条の18第1項の登録を受け，保育士の名称を用いて，専門的知識及び技術をもつて，児童の保育及び児童の保護者に対する保育に関する指導を行うことを業とする者をいう」と定められている。保育士は，保育と保育指導を行う

専門職なのである。

　また，保育士の多くが所属している保育所について考えてみることにする。「保育所保育指針解説書」（2008年4月）によると，第6章に「保護者に対する支援」が定められ，その内容は，1．保育所における保護者に対する支援の基本，2．保育所に入所している子どもの保護者に対する支援，3．地域における子育て支援の3部構成となっている。保育士は子育て支援の専門家であり，その対象は地域の一般の子育て家庭をも対象にしているということである。2018（平成30）年度に「保育士所保育指針」の改定が予定されているが，家庭支援の必要性は，ますます高まっている。したがって，これまで述べてきたような家庭が直面している状況について，社会的な使命として，何らかの支援を行っていく必要性が求められているのである。

2．社会的養護での家庭支援

　周知のとおり，保育士の活躍する場は，保育所のみではない。乳児院や児童養護施設といった，社会的養護の施設でも保育士は活躍する。現在，社会的養護を必要とする子どもたちは増加の一途をたどっている状況にある。

　社会的養護の施設では，子どもの心理的な安定と自立に向けた生活技術の支援が中心である。従来は，親子分離といった，子どもの最善の利益を守るためにいかにして家庭から子どもを引き離すかに焦点が置かれていた。しかし，近年は，離れ離れになった（させてしまった）家庭のメンバーを，どのようにしてもとのあるべき姿に修復していくかという家庭の再統合の重要性が指摘されている。この再統合の過程にも，家庭支援の必要性が求められているのである。切れかけた家族の絆をどのようにして繋ぎ止めていくのか。虐待などの不適切な関わりをどのように予防していくのか。家族というシステムを視野に入れた，包括的な支援が求められているのである。

3．保育士が行う家庭支援の視点

　家庭を支援していく場合には，家庭をひとつのシステムとして捉えていく必要がある。家庭のメンバー一人ひとりのニーズや課題は，他の家庭のメンバーにも影響を与えるからである。また，なぜそのようなニーズや課題が生じたかということについては，家庭と地域や社会との関係性のなかで発生するという視点が必要である。保護者への支援，親子関係の支援，地域や社会への支援が求められている。

　そのために保育士は，社会資源に対する知識に精通していなければならない。家庭と社会資源を結び付けたり，両者の関係を調整したりすることが求められる。また，場合によっては，社会資源を創出していくことも求められる。

　保育士は，子どもに対する直接的なケアワークの側面としての保育だけではなく，家庭支援や保護者支援という相談支援の側面も求められている。また，保育士が所属している組織のサービスを利用している家庭のみを対象とせず，所属組織がある地域の全住民を対象に相談支援を行っていかなくてはならない。

　その際には，保育所保育指針解説書にもあるように，ソーシャルワークの知識や技術をつかいながら支援をしていく必要性がある。パワーレスの状態に陥った家庭をエンパワーし，家庭のメンバー一人ひとりのウェルビーイングを向上させていくことは，今後の保育士にとってもっとも重要視されるべき専門性のひとつである。

　このことは，従来から保育士養成で重要視されている保育技術を，軽視するもではない。たとえば，日常の子どもに対する保育に専門家としての信頼を感じるから，保護者はその保育士に相談を持ちかけるのである。相談内容によっては，身につけた保育技術をレクチャーすることだってあるかもしれない。したがって，養成校で学んだ技術や働きながら習得していった技術は，相談者との信頼関係を構築する基礎となるものである。子どもに対する保育技術と家庭に対する相談援助の技術，この2つがこれからの保育士に求められる両輪の技

術なのである。

　戦後，日本の社会構造は大きく変化をしてきた。そのなかで，家庭の形態も変化し，多様な家族の在り方が浮き彫りになってきた。それに伴い，多様なニーズや課題もうかびあがっている。そのような社会背景に応じていくために，保育士は，従来の子どもに対する保育だけではなく，家庭を支えることによって，子どもの健全な成長を支え，子どもの最善の利益を保障する役割を担っていかなくてはならない。そのためには，従来からの保育技術だけではなく，家庭を支える相談支援の技術が求められているのである。

参考文献

相澤仁編集代表『子どもの養育・支援の原理　社会的養護総論（やさしくわかる社会的養護シリーズ）』明石書店，2012年
上田衞編『保育と家庭支援』みらい，2013年
植木信一編著『保育者が学ぶ　家庭支援論』建帛社，2011年
塩谷香編著『保育者・子育て支援者のための家庭支援ガイド』ぎょうせい，2011年
松村和子・澤江幸則・神谷哲司編著『家庭支援論』建帛社，2011年
山本伸晴・白幡久美子編『保育士をめざす人の家庭支援』みらい，2012年

第3章
保育者が行う家庭支援の原理

第1節　家庭支援の考え方

　今日、都市化、少子高齢化、地域でのつながりの希薄化、経済状況の悪化など子育て家庭は厳しい状況に置かれている。その多くが核家族であり、またひとり親家庭も増加している。このような社会情勢のもと、育児が孤立化し、育児不安が問題となっている。また保護者自身の精神的な不安定さや身体的不調が、育児不安を助長している場合もある。

　しかし子どもを育てることは、保護者の個人的な営みではない。次世代を担う子どもを社会全体が育てていくという発想が重要である。そしてその社会の最小単位である家庭への支援を行うことが、保育者の役割のひとつである。

　2009（平成21）年に施行された「保育所保育指針」において、「保育所は、入所する子どもを保育するとともに、家庭や地域の様々な社会資源との連携を図りながら、入所する子どもの保護者に対する支援及び地域の子育て家庭に対する支援等を行う役割を担うものである」と定められている。さらに、保育所における保育士の役割として、「児童福祉法改正第18条の4の規定を踏まえ、保育所の役割及び機能が適切に発揮されるように、倫理観に裏付けられた専門的知識、技術及び判断をもって、子どもを保育するとともに、子どもの保護者に対する保育に関する指導を行うものである」としている。つまり、家庭支援

を行う目的は，保育者がその専門的知識，技術及び判断でもって，保護者と子どもが安心して生活できる環境を提供することであるといえる。したがって家庭支援における保育者の役割は，倫理，専門的知識・技術，判断の３つの視点から考えることができる。

１．倫　理

「倫理」とは，人として守り行うべき道という意味である。特に保育者は対人援助職として，高い倫理観が求められる。なぜなら，幼い子どもの日々の育ちを援助し，問題を抱えた保護者を支えるという役割を担うからである。つまり，子どもの命を預かり，その子どもや保護者の人生に関わる大変責任の重い仕事であるということができる。その倫理観の指標となるのが「全国保育士会倫理綱領」（章末掲載）である。

２．専門的知識・技術

「保育所保育指針」では，保育士の専門性を次のように考えている。①子どもの発達に関する専門的知識をもとに子どもの育ちを見通し，その成長・発達を援助する技術，②子どもの発達過程や意欲を踏まえ，子ども自らが生活していく力を細やかに助ける生活援助の知識・技術，③保育所内外の空間や物的環境，様々な遊具や素材，自然環境や人的環境を生かし，保育の環境を構成していく技術，④子どもの経験や興味・関心を踏まえ，様々な遊びを豊かに展開していくための知識・技術，⑤子ども同士の関わりや子どもと保護者の関わりなどを見守り，その気持ちに寄り添いながら適宜必要な援助をしていく関係構築の知識・技術，⑥保護者等への相談・助言に関する知識・技術など。

以上のように，保育者が持つ知識は，乳児期から幼児期にいたる身体及び心理発達，食育や健康維持，疾病や障がい，保育の方法や保護者・家族支援など，多岐に渡る。保育者は「健康」「人間関係」「環境」「言葉」「表現」の５領域の活動を通して子どもに働きかけるが，その時豊富な知識に裏打ちされた技

術が発揮される。

また、専門的知識・技術をいかに多く身につけ、実践に活かせるかが保育者に問われる。保育者は、子どもや保護者との関わりのなかで、疑問に思ったこと、より学びが必要と感じたことをそのままにしないで、常に考え、学ぶ姿勢を持ち続けることが求められる。その姿勢が、子どもや保護者への有意義な援助を生み出す。そしてまたそれは、保育者自身の自信につながるのである。

3. 判　　断

現場では、その瞬間、瞬間での判断が求められる。子どもの体調不良や怪我、子ども同士のけんか、不適切な行為への注意の仕方、障がいのある子どもへの配慮、あるいは保護者からの相談や苦情への対応など、その他にも数多くある。日常的な保育の場では、保育者が自分の判断で行動することが多いであろう。その時は、自身の知識や経験をもとに判断していると思われる。ただしそれ以外の場合、たとえば子どもの怪我や保護者対応などは必ず上司に報告し、相談するべきである。決して1人で判断し、対応しようとしてはならない。その理由のひとつは、まず「組織」として対応することが基本であることがあげられる。2つ目は、1人で問題を抱えることの重さがある。耐えられなくなった場合、問題解決できないばかりでなく、保育者自身が心身ともに疲れ果て、ひいては仕事を継続するのが困難になる場合も考えられるからである。

第2節　保育者が行う家庭支援

「保育所保育指針」第6章「保護者に対する支援」では、保育所における保護者に対する支援の基本があげられている。この基本に基づき、保育者が行う支援の視点及び留意点を述べる。

1．子どもの最善の利益を考慮し，子どもの福祉を重視すること

　いつどんな時でも，子どもにとっていちばん良いことは何かを考え，子どもの幸せを重んじることである。保育者は日中，ほとんどの時間を子どもと過ごしている。子どもの発達支援，日常生活における自立への支援を行うことが保育者の一義的な仕事である。したがって保育者が，子どもにとってもっとも良いことをしようと考えるのは自然である。しかし時に保護者からの意向や要求が，子どもの思いと違っている場合がある。この場合，保育者が子どもの立場に立つあまり，保護者との関係が悪くなってしまうことがある。あるいは，保護者とのトラブルを避けるあまり，子どもの気持ちを軽視して保護者の意向に応えてしまうことがある。しかし，ここで重要なのは，あくまで子どもが主体であるということである。子どもにとって良いことが，ひいては保護者にとって良いことにつながるという姿勢を持ち続けることが大切である。

2．保護者とともに，子どもの成長の喜びを共有すること

　保護者を支えるということは，保護者が気持ちを明るくもつことができ，子育てに対して前向きに取り組めるようになることである。保護者にとっていちばんの喜びは，子どもが育っていることを実感できた時であろう。問題を抱えている時には，子どもの気持ちを汲み取ったり，行動の意味を考えたりする余裕がない。それに，毎日一緒にいることで，かえって子どもの変化に気づきにくいということもある。保育者は，日々の保育のなかで，子どもが意欲を出して取り組んだことや他者に対して示した優しさや思いやり，できなかったことができたなど，そのつど保護者に伝えることを意識して行う。ここで必要とされるのは，子どもへの温かい眼差しと，発達の変化をしっかりと捉える眼力である。そして保護者とともに子どもの成長を喜び合うことこそ，最高の支援といっても過言ではない。そしてその喜びが，保育者自身も元気にさせ，この仕事を続けていく原動力になるのである。

3．保育士の専門性や，保育所の特性を生かすこと

　第1節であげたように，保育者は多岐に渡る知識・技術をもっている専門職である。また保育所は，1日の大半を子どもたちが集団で過ごす場所であり，しかも，0歳から6歳までと幅広い年齢の子どもがいる。このような特性を活かし，次世代を担う子どもたちを育んでいくのが保育者の仕事である。

4．保護者の養育力の向上に資するよう，適切に支援すること

　どの保護者も，どの子どもも，一人ひとり個別性をもった存在である。したがって，問題を抱えている背景もそれぞれ違う。人はみなおのおのの価値観をもっている。つまり，保護者や子どもの性格や心理状況，家族関係，家庭の経済状況などを把握し，実現困難な提案をして保護者を追い詰めることのないようにしなければならない。保育者のすべきことは，保護者が子どもの気持ちや行動への理解を深め，世話をすることに自信をつけて，子どもと安定した関係を築いていけるよう側面的な支援を行うことである。

5．保護者一人ひとりの自己決定を尊重すること

　保育者は専門職として，保護者に相談や助言を行う。保育者は保護者の気持ちを受け止め（受容），信頼関係を築いていく。より良い問題解決への道筋を提示することが保育者に与えられた仕事である。しかし忘れてはならないのは，あくまで主体は保護者であるということである。人はおのおのの価値観をもっており，その人の生活・人生は，その人自身が決めることである。保育者は，保護者の自己決定を尊重しなければならない。決して保育者は自身の価値観を押しつけてはならないのである。

6．保護者や子どものプライバシーの保護，知り得た事柄の秘密保持に留意すること

　保育者は，職務上知りえた情報に対しての守秘義務がある。これは，退職し

た後も課される。障がいや病気，家庭環境や経済状況など決して他者にいってはならない。ただし，例外がある。これは「子どもの利益に反しない限りにおいて」という場合で，子どもが虐待を受けている例が考えられる。いくらプライバシー保護といえども，子どもの命が危険にさらされている場合は例外である。即刻関係機関に連絡して対応しなければならない。

7．子育て支援に関する地域の関係機関，団体等との連携及び協力を図ること

　保育所での子育て支援に関する資源としては「延長保育」「一時預かり」「乳児保育」「休日保育」などがあげられる。また，身近に利用できる資源として，地域子育て支援拠点事業がある。当事業は，2008（平成20）年の児童福祉法改正により法律として位置付けられた。センター型，ひろば型，児童館型の3つの形態があったが，2013（平成25）年に，一般型，連携型，地域機能強化型に再編された。当事業においても，保育士の活躍が期待される。したがって，保育者は自身が所属する保育所での支援にとどまらず，地域に出向き，地域の資源（関係機関）と協働する姿勢をもつことが大切である。

第3節　家庭支援の展開

　近年，少子化が問題とされている。問題のひとつは労働力人口の減少である。働く人が減れば，経済成長にも影響が出てくる。また少子化のため，子ども同士で交流する機会が減ってきており，円滑な人間関係をとり結ぶ経験が少なくなっていることも懸念される。

　少子化対策会議において検討され，2010（平成22）年4月に公表された，「子ども・子育て新システム」では，すべての子どもへの良質な成育環境を保障し，子どもを大切にする社会や，出産・子育て・就労の希望がかなう社会，仕事と家庭の両立支援で充実した生活ができる社会，新しい雇用の創出と女性

の就業促進で活力ある社会の実現などを掲げている。このような社会の動きのなか，子育て支援の現場でも，保育者の役割が重要となっている。子育て支援サービスを担う保育者には以下のような専門性が求められる。

(1) 地域における社会資源をよく知っており，適切な情報を，保護者に伝えることができる。
(2) 関係機関と課題を共有し合い，協働することができる。
(3) 保護者自身が自己決定し，自ら問題解決できるように，側面的な援助を行う。
(4) 保護者同士が関わりを持つ機会を提供し，共に励まし合い，支え合う関係へと促す。

以上のように，保育者は子どもへの保育だけでなく，保護者への支援，地域の関係機関との連携などを行う専門職であるといえる。そしてその専門性は，保育所だけに留まらず，多様な子育て支援サービスにおいて発揮されるのである。

表3-1 全国保育士会倫理綱領

すべての子どもは，豊かな愛情のなかで心身ともに健やかに育てられ，自ら伸びていく無限の可能性を持っています。
私たちは，子どもが現在（いま）を幸せに生活し，未来（あす）を生きる力を育てる保育の仕事に誇りと責任をもって，自らの人間性と専門性の向上に努め，一人ひとりの子どもを心から尊重し，次のことを行います。

　　私たちは，子どもの育ちを支えます。
　　私たちは，保護者の子育てを支えます。
　　私たちは，子どもと子育てにやさしい社会をつくります。

（子どもの最善の利益の尊重）
1. 私たちは，一人ひとりの子どもの最善の利益を第一に考え，保育を通してその福祉を積極的に増進するよう努めます。

（子どもの発達保障）
2. 私たちは，養護と教育が一体となった保育を通して，一人ひとりの子どもが心身ともに健康，安全で情緒の安定した生活ができる環境を用意し，生きる喜びと力を育むことを基本として，その健やかな育ちを支えます。

（保護者との協力）
3. 私たちは，子どもと保護者のおかれた状況や意向を受けとめ，保護者とより良い協力関係を築きながら，子どもの育ちや子育てを支えます。

（プライバシーの保護）
4. 私たちは，一人ひとりのプライバシーを保護するため，保育を通して知り得た個人の情報や秘密を守ります。

（チームワークと自己評価）
5. 私たちは，職場におけるチームワークや，関係する他の専門機関との連携を大切にします。
　　また，自らの行う保育について，常に子どもの視点に立って自己評価を行い，保育の質の向上を図ります。

（利用者の代弁）
6. 私たちは，日々の保育や子育て支援の活動を通して子どものニーズを受けとめ，子どもの立場に立ってそれを代弁します。
　　また，子育てをしているすべての保護者のニーズを受けとめ，それを代弁していくことも重要な役割と考え，行動します。

（地域の子育て支援）
7. 私たちは，地域の人々や関係機関とともに子育てを支援し，そのネットワークにより，地域で子どもを育てる環境づくりに努めます。

（専門職としての責務）
8. 私たちは，研修や自己研鑽を通して，常に自らの人間性と専門性の向上に努め，専門職としての責務を果たします。

　　　　　　　　　　　　　　　　社会福祉法人　全国社会福祉協議会
　　　　　　　　　　　　　　　　　　　　　　　全国保育協議会
　　　　　　　　　　　　　　　　　　　　　　　全国保育士会

参考文献

植木信一編『保育者が学ぶ家庭支援論』建帛社，2011年

厚生労働省「保育所保育指針解説書」2008年

全国保育士会編『全国保育士会倫理綱領ガイドブック』全国社会福祉協議会，2009年

新保育士養成講座編纂委員会編『家庭支援論（改訂版）』全国社会福祉協議会，2014年

山本伸晴・白幡久美子編『保育士をめざす人の家庭支援』みらい，2011年

第4章 現代の家庭における人間関係

第1節 ライフサイクルの変化・多様化

1．出生数の減少及び子どもの扶養期間の長期化

　人が誕生してから死ぬまでの生活現象の節目の過程をあらわしたライフサイクルは，少子高齢化の進展に伴って時間（時代）の経過とともに変化してきている（図4-1）。主なものでは，① 出生数の減少及び子どもの扶養期間の長期化，② 寿命の伸長（老後期間の長期化）があげられるが，これらの変化の理解は，現在の家族・家庭内の人間関係を正しく捉える上で欠かせない。

　日本の世帯の規模は，第2次世界大戦以降，縮小傾向にあるが，この背景には1950年代の出生数低下による平均子ども数の減少，高度経済成長に伴う若者人口の都市への移動と核家族世帯の形成，1970年代半ばに始まった若者の未婚化，少子化傾向があげられる[1]。

　とりわけ，少子化傾向については，表中のきょうだい数が1920（大正9）年には5子であったのが，以降，減少していることからも明らかである。このような子どもの数の減少に伴い扶養期間（総扶養期間）は短縮しているが，学習面では約2人に1人が大学などに進学している現況を反映するように，子ども1人あたりの扶育期間は長期化している点には留意が必要である。

　一方で，さまざまな事情から「子どもをもてない」あるいは「増やそうとし

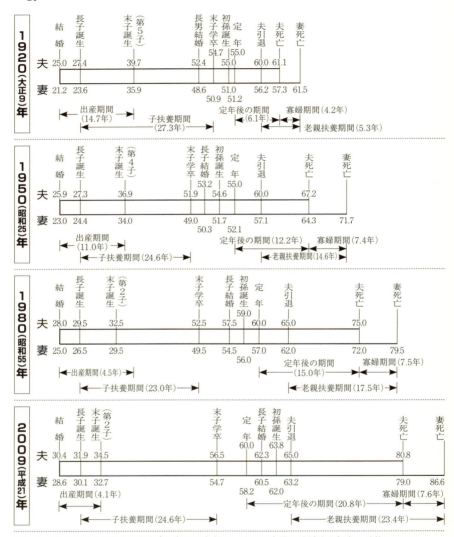

注) 1. ライフサイクル上の出来事が起こる年齢は、すべて夫婦の結婚時を起点に計算している。
注) 2. 価値観の多様化により、人生の選択肢も多くなってきており、統計でみた平均的なライフスタイルに合致しない場合が多くなっていることに留意する必要がある。

図4-1　統計にみるライフサイクルの変化

出所) 厚生省『社会保障入門』1996年, p.6, 厚生省『厚生白書』1984年, p.6, 厚生労働省『厚生労働白書』2012年, p.150をもとに加筆・修正

ない」夫婦の存在を忘れてはならない。特徴としては，出産年齢及び身体的な要因を理由とする割合は高年齢層ほど高い傾向にあるほか，少子化の背景にある「理想の子ども数」をもたない理由は若年層ほど経済的理由が該当するなど，出産を選択できない事例は数多く存在している事実を認識する必要がある。このほかにも，就労の不安定さや社会的自立時期の後退をはじめとした社会・経済的要因が少なからず影響を与えていると考えられる。

２．寿命の伸長

　長寿社会を迎えた日本では，人生は80年時代ともいわれるようになり，医学の進歩及び栄養状態の向上は長寿化を実現する要因となった。長寿化は，生涯の長期にわたり心身壮健な親を生むとともに，少子化と相まってそれまでの親子関係を大きく変化させた。

　60歳に達した男性の老後期間は，1950（昭和25）年には7.2年であったのが，1980（昭和55）年には15.0年，2009（平成21）年は20.8年であるなど，著しい伸びをみせている。一般的に，老後は仕事や子育てが一段落ついた後の「第二の人生の期間」と位置付けられるが，伸長する寿命は，介護などの状況が発生する可能性を高めている。これは，現行の介護保険法でいうところの第1号被保険者数に占める要介護（要支援）認定者の割合が，65～74歳の前期高齢者では12.5％（76万人），75歳以上の後期高齢者では87.5％（531万人）を占めている状況（平成27年度末現在[3]）からも明らかである。

　以前は，子どもが幼い頃は「親から子へ」，子が成人して親が老いると「子から親へ」というような，親からすれば時間・経済・エネルギーなどはおいおい自分に返ってくる投資的意味合いが存在したが，長期化した老親の世話とそれを支える子どもの数の減少が同時に生じている今日では，そのような資源の還流は負担が大きく，現実的に不可能な状況を生み出している[4]。

　以上のように，同居・別居は別の論点としても，「子育て」に加えて，近年ほど「老親の介護」という課題を抱えている家族は多いと理解できる。これ

は，家族で老親の世話をしていても介護状況が生じる可能性が低かった一昔前とは異なる近年に特化した課題といえる。

第2節　家族内の関係

1. 夫婦関係

　日本社会に伝統的な「家（イエ）」制度は明治民法が規定した昭和の戦前期に支配的な家族制度であり，いわゆる家父長制・長子相続制を中心に，家長である夫（父親）の権力を頂点としてタテの人間関係を単位とする家族観に基づいていたが，戦後は，夫婦という血縁関係にない者同士を単位とする夫婦単位制の家族が一般化した。

　そもそも，男女は，異なる成育歴をもつ者同士が結ばれ，それまで属していた「出生家族（定位家族）」から離れ，結婚によって「創造家族（生殖家族）」を形成して「夫婦」として新しい家族関係をつくる。憲法にみる夫婦の姿は，「夫婦が同等の権利を有することを基本として，相互の協力により，維持されなければならない」（憲法第24条 [1]）と定められているが，「夫婦間の平等」の視点に立脚するならば，まずもって夫と妻は異なる世界観を抱いて生活していることを理解する必要がある。たとえば，仕事に対する期待や葛藤は夫・妻の立場によって異なる。その他にも，家事や地域とのつながり・役割形成など，夫と妻は「個人的な領域」と「夫婦共通の領域」の世界観のなかで生きていることに目を向けることが大切である。

　さらに，一見，夫婦間で共通の認識がなされていると思われがちな子育てについても，教育方針をはじめとして，自身の生育歴から得た価値観を当てはめようとして意見が異なったり，感情の抑制がきかずに夫婦間で葛藤がおきることも少なくない。現代社会において，さまざまなライフスタイル・価値観を抱いた男女が夫婦として子育ても含めた広い意味での「暮らし」を形成していくためには，互いが協力しあいながら，それぞれがもつさまざまな力を発揮する

とともに，価値観を諒解してお互いをわかりあえるような環境を創りあげていくことが求められよう。

2．親子関係

近年，子どもの数の減少とともに問題視されてきたのが親子間のコミュニケーションである。親子の会話の重要性は，親子関係の民主化が提唱された戦後直後から一貫して語られてきたが，親子の会話不足や親子関係の希薄化が批判され，その重要性が強く主張されるようになったのは1960年代から70年代にかけてである。[5]

内閣府が15歳から24歳までの青少年を対象に行った調査[6]によると，1970年以降，父親との会話の頻度及び母親との会話の頻度は「非常によく話す」回答が増加傾向を示すなど，親子のコミュニケーションは一貫して増加している。この頃の家族・家庭に関する変化には，女性の社会進出による雇用（勤労者）の増加や都市化が核家族化を進めたことがあげられるが，一方で，そのような状況が，子どもと積極的あるいは意図的にコミュニケーションを取る親を生み出してきた側面もある。

しかし，親子の会話が多いことが皆に支持されているわけではない。よく話をする親密な親子関係は，親の「厳しさ」「威厳」，子どもの「自立」「反抗期」といった価値観や規範意識・理念を前提に「友だち親子」と批判されて問題視される[7]など，養育態度としつけは相反する評価をうける面も併せもつことから，親子の関わりを捉える際には質的な部分に着目する必要があるといえる。

一方で，結婚の契機に目を向けると，「第14回出生動向基本調査」[8]では25歳未満は妊娠を理由とする夫婦が調査者の半数を占めているものの，25歳を超えると当該回答を理由とする夫婦は10％台以下に減少し，結婚が年齢的に適当とする回答が過半数にのぼる。そして，前者のうち，妊娠を機に結婚しているが「経済的基盤ができた」夫婦は5.5％に過ぎず，「早く子どもがほしかった」とする回答は5.8％にとどまる結果からは，子どもを産み・育てる上で

の準備及び環境を整える前に妊娠し、親役割を果たしている事例は少なくないと推察できる。社会的な子育て支援が求められる理由は、この部分にも見出すことができる。

3. きょうだい関係

　出生数の減少は、生産年齢人口の減少を招き、生産性の低下や若年世代にかかる負担などの社会的影響を与えるが、これらにとどまらず、家族構造や子どもの成長発達にも多大な影響を与える。

　そもそも、きょうだい間の関係は親子・夫婦間とは異なり、相互の関わり合いのなかでの育ち合いによって養われるものであることから、生活を通してその機会の積み重ねがなければ、血縁関係にあっても成長や信頼、愛情や絆が生まれるものではない。

　たとえば、家族のなかに3人あるいは4人のきょうだいがいれば、日常的に集団的な関わりの機会が生まれるが、2人では特定の相手との関わりとなり固定的な人間関係の形成に偏ることが想定される。さらに、1人であれば1人遊びや父母や祖父母などの家族構成員との関わりが主となり、子ども同士の人間関係から得るものは外部の他の家庭の子どもとのつながりに頼ることになる。いわゆるひとりっ子が、行動力や失敗から立ち直るたくましさに欠けていることを耳にすることがあるが、その要因のひとつに、生活を通してきょうだいとしての関わり合いを深めるなかで自己を制御するための体験・経験を多く積めているか否かの違いがあげられる。

　そして、少子化は地域の子どもの全体数を減らすことから、結果として子ども同士が関わる機会の減少を招き、「遊び」から得られるさまざまな学びを失わせることにつながる。とりわけ、少子化により地域の子どもの数自体が減ることは、異年齢児との日常的な交流の機会の減少とも置き換えることができる。年少児は年長児の優しさや遊びの違いに気付き、年長児は年少児を労わりわからない部分を教えることなどの関わりを通して、子どもがお互いに成長し

合う特長をもつが，交流の機会の減少は子ども同士の体験・経験の機会を減らし，人格形成や成長発達への影響も大きい。

　また，テレビゲームやパソコン，携帯電話・スマートフォンの普及は，遊びの幅を広げて利便性を向上させた一方で，子どもの遊びを"ヒト相手"から1人で遊び楽しむことが可能な"モノ相手"の形へと変化させた。公共交通機関での移動中，買い物中，公園での遊びなどの場面をあげても，子どもが何かしらのゲーム機を持ち歩く姿は多くみられる。その姿からは，ゲーム機を子どもに与えることで遊びの代替としている親が少なからずいることを窺い知れるが，子ども同士の関係に目を向けると，流行や話題についていくために"ゲームをせざるをえない"状況が生じている実情もある。

4．祖父母との関係

　孫にとって，祖父母は両親とは異なる「甘えることができる」頼れる存在であることが多い。この命題を読み解く際には，祖父母などの同居率をもって考えがちであるが，近年，同居に依らない形態が主流となっている。この流れが顕著にあらわれているのが近居率の高さである。内閣府の年次報告書において[9]指摘されるように，1994年と2007年の「国民生活選好度調査」を比べると，既婚者が「親世代と二世帯住宅や同じ敷地内に住んでいる割合」は3.4％から8.5％へ，「1時間以内の距離に住んでいる割合」は51.6％から67.5％へと高まるなど，若い世代を中心として自分や配偶者の近くに住む近居が増えている。この結果は，適度な距離感を保持しながら，お互いが助け合い，またある時はともに行事を楽しめるという環境を形成する[10]という「おのおののライフスタイルも大切にしながらも，世帯の枠を越えてつながりをもっている」姿をあらわすものと考えられる。

　しかし，同居でないが故に息子・娘夫婦や孫たちとの交流が断たれているわけではない。高齢者の幸福感を追求した面接調査において，青井和夫は「息子・娘夫婦や孫たちとは，テレビや旅行を別に楽しむなどして，ある部分では

距離を置いているが，会話はかなり多く，心の交流は濃厚である」と結論づけているように，日常的な世話とは一線を画した別の形で交流を図っている様子が見て取れる。

この背景には，祖父母が住み慣れた地域を離れることを望まないという心情のほかにも，祖父母との同居は食事や入浴をはじめとして日常生活習慣の小さな違いが軋轢を生み家庭内の人間関係を引き裂く可能性があることや，それまでの住宅が手狭になることなど，同居により生じるさまざまな問題を回避する目的があるものと考えられる。

第3節　家族の結び付き

家族を捉える際には，親と子の世帯及び単身世帯の増加や，その根底に存在する夫婦制家族化で示される構造上の変化があるが，家族の結び付き（つながり）の様相はどのようなものなのか。

統計数理研究所が5年毎に実施している「国民性の研究」[12]の「一番大切なもの」を問う設問において，「家族が一番大切」と答える割合は1958（昭和33）年から2008（平成20）年まで上昇の一途を辿り，直近の2013（平成25）年ではその値は僅かに減少したが，次点の「生命・健康・自分」及び「愛情・精神」を大きく引き離している結果からは，前回調査結果と同様に「家族のつながり」を重視・尊重する傾向に変化はないものと推察できる。後藤澄江が指摘するように，これは，かつて家族の場は，生命と生活を維持するための労働を遂行することが優先され，家族情緒は労働の背景にあったものが，家族内で行われていた行為が家族外に移譲するにつれて，家族情緒は家族内の独立したものとして意識されるようになった変化を意味するものと思われる。[13]

そして，家族の範囲を個人がどのように認識しているかは，家族・家庭の諸機能を考える上でも重要である。

2003（平成15）年に実施された国立社会保障・人口問題研究所の「現代日本

の家族変動」調査[14)]では,「同居・別居に関わらず家族」とする範囲は,それ以前の 1993（平成 5）年及び 1998（平成 10）年の調査と比較しても，直近の調査ほど「居住関係とは無関係に家族」と捉える者が増えている。家族と認識する範囲の拡大は，同居・別居を問わない親族への想いを示すものであり，前出の「家族の結び付き（つながり）」の深まりを裏付ける根拠となる。

　これらの傾向は，世帯構成や居住形態，生活習慣をはじめとする様相からは読み取ることができない家族の内面的な変化と位置付けることができる。

注

1) 阿藤誠「Ⅱ　社会福祉の基礎基盤　2　社会構造　① 人口・家族構造」仲村優一・一番ケ瀬康子・右田紀久恵監修『エンサイクロペディア社会福祉学』中央法規，2007 年，p. 38
2) 国立社会保障・人口問題研究所「第 14 回出生動向基本調査」2011 年
3) 厚生労働省「平成 27 年度介護保険事業状況報告（年報）」2017 年
4) 永久ひさ子「近代家族のなかの育児葛藤」有賀美和子・篠目清美編『親子関係のゆくえ』勁草書房，2004 年，pp. 41-42
5) 広井多鶴子「親の養育態度としつけ」広井多鶴子・小玉亮子『現代の親子問題―なぜ親と子が「問題」なのか―』日本図書センター，2010 年，p. 48
6) 内閣府政策統括官「第 2 回青少年の生活と意識に関する基本調査報告書」2001 年，pp. 52-57
7) 広井多鶴子，前掲書，p. 58
8) 国立社会保障・人口問題研究所，前掲
9) 内閣府『平成 19 年版　国民生活白書』時事画報社，2007 年，pp. 51-52
10) 内閣府『平成 19 年版　国民生活白書―つながりが築く豊かな国民生活―』2007 年，p. 52
11) 青井和夫『世代間交流の理論と実践―世代間交流による高齢者の社会参加促進に関する基礎研究―』長寿社会開発センター，1996 年，p. 64
12) 中村隆・土屋隆裕・前田忠彦「国民性の研究　第 13 次全国調査―2013 年全国調査―」統計数理研究所，2015 年
13) 後藤澄江『現代家族と福祉』有信堂高文社，1997 年，p. 38
14) 国立社会保障・人口問題研究所編『現代日本の家族変動―第 3 回全国家庭動向調査（2003 年社会保障・人口問題基本調査）―』2007 年，pp. 52-57

第5章 地域社会の変容と家庭支援

第1節　地域社会の変容

1．人びとの暮らしの変化と地域社会

　かつて日本で多くの人が農業を中心とした家業を営んでいた時代，家族や親戚が互いに助け合い，子どもも労働力として期待され，大家族のなかでそれぞれが役割を担い，地域社会は相互に深く関わりあう共同体であった。しかし，産業構造の変化により，第2次，第3次産業の発展でサラリーマン家庭が増加し，核家族化が進み，伝統的な地域社会の崩壊がもたらされた。地域における近隣関係は希薄化し，一方で個人の自由が尊重される社会となっていった。

　生活の拠点については，農村地方に多く住んでいた人びとは，だんだんと都市部に移り住むようになり，やがて都市部の地価がどんどん高騰していくにつれ，都市部から離れた郊外に住居をもつ家庭が増加するようになった。郊外では，通勤に長い時間を費やす人が多くなり，そうなると自分の住む地域社会との関係性がますます減り，家庭は孤立化していくことにつながっていく。昔は何か生活の問題があると近隣の住民同士で助け合い解決できていたことが，現代社会では各家庭で解決せざるをえない状況となった。同時にプライバシーの確保が重視されるようになり，互いのことを干渉しないことが望ましいとされる社会になったといえる。

すでに自家用車やコンピュータ，携帯電話などを1人1台もつことが珍しくなく，家族の構成員がそれぞれ個室をもつ時代となり，それぞれの家族の生活時間も異なるゆえに家族そろって食事をとることも難しくなってきた。そして，地域社会では互いの干渉を控えることによって近隣の住民同士の交流やつながりが薄れてきた。ここで改めて現代における家族の意味とともに地域社会のあり方について考えていく必要があるだろう。

2．地域社会の変容と子育て

　産業構造の変化は人びとの暮らしに大きく影響を与え，子育ての環境にも変化をもたらすこととなる。かつての地域社会では，近隣住民が互いの子どもの面倒をみるのは当たり前だった。自分のきょうだい以外でも年上のお姉ちゃん（お兄ちゃん）が年下の子どもや赤ちゃんをおんぶしたり抱っこしたりしながら，世話をするという姿はごく自然なものであった。自分が親になる前に小さな子どもの世話をした経験のある子どもがほとんどだった時代である。

　1960～1970年代に子育てをしていたある女性は，当時を振り返り，「あの頃は子どもたちの世話は近隣で助け合って行っていました。私は夫と個人商店を営んでいたので，なかなか自分の子どもたちを外に連れて行くことができなかったのですが，近所のお母さん方によく預けてほかのお子さんたちに遊んでもらっていました。幼稚園の親子遠足に私が同伴して行けないときにも，安心してほかのお母さん方にお願いしていました。私に時間のあるときには，よく近所のお子さんを預かってお店番をしていました。また，近所にはまだお風呂のない家も多かったので，よくお風呂もお貸ししていましたね」という。お風呂を貸していた時代であればもちろん，醤油や味噌の貸し借りはごく日常茶飯事のことであり，近所の子どもたちのきょうだい喧嘩に口を挟むこともよくあることであった。そして，親同士で互いの子育てについて気楽に相談しあえる関係があった。

　1980年代後半（昭和60年代）以降から，日本は少子化が徐々に社会問題化し

ていったが、この頃からどんどん地域のつながりが希薄化し、子育てを助け合ったり、子育ての悩みを相談し合ったりするような関係をつくることが難しくなっていった。また、「子育ての密室化」という言葉をよく耳にするようになった。核家族化が進み、一日中自宅で育児と家事を担っている母親は、精神的に追い詰められ、孤独な感情に陥る可能性が高い。わが子を授かって初めて赤ちゃんと接したという母親も少なくないなか、子育ての悩みを誰に相談すればよいのか迷いながら母親だけが育児を担っているとすれば、子育てに疲れ果ててしまうのは当然のことである。育児ストレスがその後の子どもや母親へ悪影響とならないように、早期に解決していく必要があるが、その解決策のひとつとして地域の力を活用することがあげられる。

第2節　地域のつながりと家庭の近隣関係

1．地域のつながりの変化

　社会の変化に伴い、近隣との付き合いが少なくなっていると指摘されている。『平成19年版　国民生活白書』（内閣府）では、地域のつながりに関する調査結果のもと、以下のようにまとめている。

(1) 近所に生活面で協力し合う人がいない人が多い（図5-1参照）。

(2) 地域と深いつながりをもっている人は少ない――近所に生活面で協力し合う人がいないほど、近隣との付き合いが浅い人が多い。

(3) 近所付き合いが深く、地域活動にも積極的に参加する「つながり持ち」は16％である。

(4) 近所付き合いが浅く、地域活動にも参加していない「地域から孤立する人」は約2割いる。その特性としては、サラリーマンや単身世帯の人などがあげられる。

(5) 親しく近所付き合いしたいと考えている人ほど、望む付き合いが実現していない。つまり、地域のつながりをもちたくてももてない人が相当程

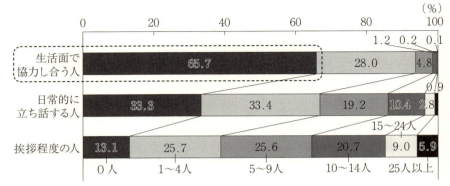

備考）1．内閣府「国民生活選好度調査」（2007年）により特別集計。
2．「あなたのご近所づきあいについてお聞きします。次に挙げる項目にあてはまるご近所の方の人数をお答えください。」という問に対し，回答した人の割合。「生活面で協力し合う人」は「お互いに相談したり日用品の貸し借りをするなど，生活面で協力しあっている人」，「日常的に立ち話する人」は「日常的に立ち話をする程度のつきあいの人」，「挨拶程度の人」は「あいさつ程度の最小限のつきあいの人」である。
3．回答者は，全国の15歳以上80歳未満の男女で，「生活面で協力し合う人」は3,366人，「日常的に立ち話する人」は3,359人，「挨拶程度の人」は3,350人。

図5-1　近所付き合いの人数

出所）内閣府『平成19年版国民生活白書』第2章第1節第2-1-2図
http://www5.cao.go.jp/seikatsu/whitepaper/h19/01_honpen/html/07sh020101.html#07sh020101

度いると考えられる。
(6) 近隣関係は希薄になっており，希薄化し続けている（図5-2参照）。
(7) 地域のつながりが10年前に比べて弱くなっていると考える人が約3割いる。
(8) 社会への貢献意識は高まっており，地域活動に参加したいと考えている人も多い。
(9) NPOやボランティアに参加しない要因として，時間がないこと，参加のきっかけがないこと，活動の情報不足などがあげられている。

2．地域のつながりに対する意識

みなさんは，地域のつながりの希薄化が問題視されるなか，このことについ

第5章 地域社会の変容と家庭支援　39

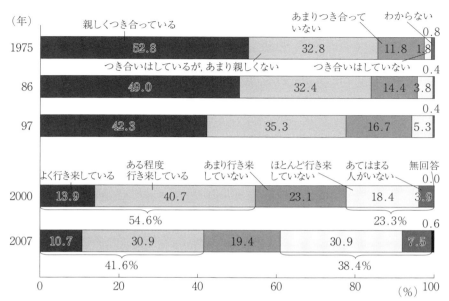

備考）1．内閣府「社会意識に関する世論調査」（1975, 86, 97年）により作成および「国民生活選好度調査」（2000, 2007年）により特別集計。
　　2．1978, 86, 97年は「あなたは，地域での付き合いをどの程度していらっしゃいますか。この中ではどうでしょうか。」という問に対し，回答した人の割合。
　　　2000, 2007年は「あなたは現在，次にあげる人たち（「隣近所の人」）とどのくらい行き来していますか。（○はそれぞれ1つずつ）」という問に対し，回答した人の割合。
　　3．回答者は，1975, 86, 97年は全国の20歳以上の者，2000年は，全国の20歳以上70歳未満の男女。2007年は，全国の20歳以上80歳未満の男女。

図5-2　近所付き合いの程度の推移

出所）内閣府『平成19年版国民生活白書』第2章第1節第2-1-19図
http://www5.cao.go.jp/seikatsu/whitepaper/h19/01_honpen/html/07sh020103.html

てどう考えるだろうか。厚生労働省は，将来の地域のあり方をどう考えているかをみてみるため，将来の近所付き合いについて，2006（平成18）年に調査をしている。15年後の将来の予想として，「近所付き合いが希薄になる」社会を予測する割合が高かった（85.7％）。一方15年後の将来の理想として，「近所付き合いが盛んになる」社会を期待する割合が高く（84.5％），これは，年齢にかかわらず，また居住地域にかかわらず高くなっている。ここで着目すべきは，

将来の理想において「家族による支え合いに頼る」割合よりもさらに高い点である。[2]

このように，実際には地域のつながりは薄れていっているものの，近所付き合いを活発にしながら地域のつながりを求めている人の割合が非常に多いことがわかる。

3．子育て家庭の近隣関係

一般に地域のつながりや近所付き合いが薄れていっているため，子育て家庭においても同様に，近所との関わりや子育ての助け合いも少なくなっている。2011（平成23）年度に内閣府が実施した子育て環境に関する調査（妻への質問）[3]によると，子育ての相談や子どもを世話してくれる人について複数回答で尋ねたところ，「夫」(84.1%)がもっとも多く，次いで「親」(66.6%)，「友人」(46.6%)，「親族」(17.4%)に続き，「近所の人」(15.6%)となっており，近所の人に子育てについて話す母親は少数であることがわかる。また，この調査では，子育ての相談相手が多い人ほど，子育てをしやすいと感じており，地域の子育てがしやすい環境の人ほど，実際の子どもの数が多いということもわかった。

子どもが大きくなるにつれ，子どもの生活範囲や所属などが多様化し，それによって子どもを通じた近隣関係も増えていくことが予想される。しかし，子どもがまだ乳幼児の場合は，子育ての不安を感じやすいうえに，子どもを通じた付き合いもまだ少ないことから，子育てに悩みを抱えながら孤独を感じてしまう親も少なくない。地域で子どもを通じた親密な付き合いのある母親ほど，周囲の目が気になるなどの不安がなく，子育てを楽しんでいるという報告もある。[4] 子育てをしながら地域社会とつながっていることが，子育ての悩み・不安を緩和するとともに，生活の満足度も向上していくことがわかる。孤立しがちな現代社会だからこそ，子育てしやすい地域社会を形成していくことが求められている。

第3節　子育てしやすい地域社会の形成

1．社会への貢献

　前節の報告にもあるように，近所付き合いや地域のつながりは年々減少している傾向にあるものの，地域社会へ貢献したいと思っている人は多く，時間やきっかけがあれば何か活動をしてみたいと思っている人はいる。社会の変化によって人びとのつながりが薄れてきていることは否定できないものの，人が他者に対するいたわりや親切心などをなくしてしまったわけではないだろう。

　大都市圏住民の地域活動への参加状況を調査した結果をみると，「約半数が何らかの地域活動に参加している。町内会・自治会に参加する割合が4割，子ども会などの地縁活動に参加する割合が1割弱となっている。全体的な傾向としては，人口密度が低い地域の方が地域活動に積極的に参加している状況にある。地域の慣習により参加する人が含まれるとしても，今後，人びとが身近な地域のなかで自らの位置付けを見つけ，積極的に諸活動の担い手となっていくのではないか，ということを期待させる[5]」。住民が行う地域活動のひとつとして，子育て支援に役立つものがこれから増えていくことが期待される。

2．地域住民による子育て支援活動

　子育ては家族を中心に行われるものだが，その責任を母親など親のみに押し付けるのではなく，社会全体で子育てを担っていくことが求められている。昨今は，児童虐待のニュースなどがしばしば取り上げられるが，閉鎖的な子育て環境がこれらの悲しい事態を引き起こすことが多い。日頃から，親が安心して子育てできるよう，子育て環境をできるだけ整え，困ったときの相談相手の確保や親のストレス軽減の場の広がりなどが求められている。実際に，子育て家庭が居住する近隣の住民同士が子育てについて理解しあい，声をかけあい，助けあうことで，子育てに悩んだり自信をなくしたりする親を減らそうという取り組みもある。

地域による子育て支援の活動は，住民が相互に理解し合える場となるため，単に子育て中の親を助けるだけでなく，それ以外の住民や家庭への関心へとつながり，防災や住みよいまちづくりへの動きへと広がっていくと考えられる。地域の力を有効に活用することは，今後ますます求められている。以下，地域住民による子育て活動にはどのようなものがあるか，その例をみてみよう。

(1) 子育てサロン

　子育て中の親がいつでも自由に気軽に立ち寄れる場として，全国各地で開設されている。ここでは，子育て中の親子が互いに話をしたり，自主活動（絵本の読み聞かせや子育て講座など）を行ったり，地域の子育てボランティアによる見守りや遊びの紹介などが行われている。社会福祉協議会や自治体，社会福祉法人などが主に運営しているが，その活動の主体は住民であり，地域住民が自主的に活動内容の提案をするなど，地域の実情に応じた内容になっていることが特徴である。また，子育てサロンでは，子育てサークルの紹介も行っている。子育てサークルとは，子育て中の親同士の相互交流，子ども同士の遊びの機会をつくるサークル活動のことである。

(2) 子ども会

　子ども会は，同じ地区に住む異年齢の子どもたちが仲間とともに遊びや各種活動を通じて，健全な心身の成長を促していこうとすることが目的である。概ね18歳未満の子どもが対象となっている。活動内容は各子ども会によってさまざまであるが，季節の行事やボランティア，芸術文化的活動，スポーツ活動などがある。子どもたちだけでなく，子どもの育成者として，子育て中の親，地域に住むすべての人が関わり，地域の子どもたちを地域全体で育てていこうとする目的がある。

(3) NPOなどの子育て支援団体

　各団体によってその活動内容はさまざまであるが，住民が主体的に子育てに関する活動を行い，支援者（子育て協力者）を募りながら運営する。育児の悩みに応じるカウンセリング的支援を行うもの，遊びの提供やおもちゃなど創作

活動を行うもの，子育てボランティアや子育て専門家を養成するもの，父親の子育てをサポートするものなど数多くある。支援者は，直接活動に関わる人もいれば，活動に必要な資金の提供をすることによって間接的支援を行っている人などがいる。

注

1) 厚生労働省『平成18年版 厚生労働白書』
   http://www.mhlw.go.jp/wp/hakusyo/kousei/13/ （参照日：2014年8月28日）
2) 同上
3) 内閣府「都市と地方における子育て環境に関する調査報告書（全体版）」2012年
   http://www8.cao.go.jp/shoushi/cyousa/cyousa23/kankyo/index_pdf.html
   （参照日：2014年8月28日）
4) 厚生労働省「子育て支援策等に関する調査研究（報告書概要版）」2003年
   http://www.mhlw.go.jp/houdou/2003/05/h0502-1b.html
   （参照日：2014年8月28日）
5) 厚生労働省『平成18年 版厚生労働白書』
   http://www.mhlw.go.jp/wp/hakusyo/kousei/13/ （参照日：2014年8月28日）

参考文献

上田衛編『保育と家庭支援』（シリーズ保育と現代社会）みらい，2013年
全国子ども会連合会
HP http://www.kodomo-kai.or.jp/ （参照日：2014年8月28日）
伊達悦子・辰巳隆編『保育士をめざす人の児童福祉』みらい，2007年
福祉士養成講座編集委員会編『新版社会福祉士養成講座④ 児童福祉論』中央法規，2007年
吉田眞理『児童の福祉を支える家庭支援論』萌文書林，2011年

第6章 男女共同参画社会とワーク・ライフ・バランス

第1節 男女共同参画の推進とワーク・ライフ・バランス

1．男女共同参画社会とは

　男女共同参画社会とは，「男女が，社会の対等な構成員として，自らの意思によって社会のあらゆる分野における活動に参画する機会が確保され，もって男女が均等に政治的，経済的，社会的及び文化的利益を享受することができ，かつ，共に責任を担うべき社会」と定義される（男女共同参画社会基本法第2条1項）。1999（平成11）年に成立した「男女共同参画社会基本法」は，このような社会の実現を，21世紀の最重要課題と位置付け，男女が性別による差別的扱いをうけることなく，個人として能力を発揮する機会が確保されるように，あらゆる分野において，男女共同参画社会形成の促進に関する施策の推進を図っていくことをうたっている。

　高齢化や少子化が進み，長期的な人口減少が予測される日本の社会において，労働力や人材の確保は大きな課題となっており，職場や家庭，地域，その他のあらゆる場において，男女にかかわらず人材を活用し，社会の活動を円滑に進めていく必要がある。男女共同参画の理念のもとに，男女がさまざまな職業や働き方にチャレンジできるようにするには，労働環境を整えるだけでは充分ではない。家庭責任を負う男女が仕事と家庭生活を両立させるために，育児

や介護への社会的支援が必要となり，仕事中心の生活を送る男女が，家庭や地域社会でも力を発揮するためには，従来の働き方を見直し，柔軟な働き方ができるような社会全体の取り組みも必要になる。

　本章では，日本の社会が，男女共同参画という目標に向かいつつ，人びとが安心して家族形成や出産・子育てに取り組むことのできる社会のしくみを整えるために，ワーク・ライフ・バランス（仕事と生活の調和）という視点から，問題状況を明らかにするとともに，実現に向けた課題や必要な取り組みについて考えてみたい。

2．ワーク・ライフ・バランス（仕事と生活の調和）

　ワーク・ライフ・バランスとは，仕事と生活の調和を図って生活の充実を目指すことであり，男女共同参画推進に向けた内閣府の政策として展開されている。仕事と生活のバランスがなぜ必要なのか，2007（平成19）年に策定された「仕事と生活の調和（ワーク・ライフ・バランス）憲章」から，その理由と背景を示してみよう。

(1) ワーク・ライフ・バランスの必要性

　人間にとって，暮らしを支える仕事と，家事・育児，近隣や友人との交流などのプライベートな生活とは，どちらも必要であり，その充実があってこそ人生の生きがいや喜びは倍増する。しかし，現実の社会には，① 安定した仕事に就けず経済的に自立できない人や，② 仕事に追われ，心身の疲労から健康を害しかねない人，③ 仕事と子育てや介護との両立に悩む人など，仕事と生活の間で問題を抱える人びとが数多く存在し，仕事と生活の調和が損なわれている。

(2) ワーク・ライフ・バランス提唱の背景

　現代の日本では，非正規雇用が増える一方で，正社員の長時間労働が常態化し，働き方が二極化している。また，共働きの増加により男女の働き方は多様化している一方，固定的な性別役割分業が修正されず，働き方や子育て支援な

第6章　男女共同参画社会とワーク・ライフ・バランス　47

どの基盤整備も遅れている。結婚や子育てに関する希望が実現しにくく、家族や友人と過ごす時間も取りにくいことが少子化の要因にもなっている。このような背景から、働き方や生き方に関するこれまでの考え方や制度の改革に挑戦し、個々人の生き方や人生の各段階に応じて多様な働き方の選択を可能とするワーク・ライフ・バランスを実現しなければならないとしている。

(3) ワーク・ライフ・バランスの実現した社会

　同憲章では、これからの日本が目標とすべき、仕事と生活の調和がとれた社会の姿を、① 就労による経済的自立が可能な社会、② 健康で豊かな生活のための時間が確保できる社会、③ 多様な働き方・生き方が選択できる社会、としている。そして、その実現に向けて、企業とそこで働く者、国民、国、地方公共団体が、それぞれ役割を担い、具体的な取り組みを進めながら、社会全体の運動として広げていくことが求められている。

第2節　ワーク・ライフ・バランスの現状と課題

1．根強い性別役割分業意識

　ワーク・ライフ・バランスの現状には、さまざまな問題が生じている。ここでは、結婚や子育てに関わる側面から、ワーク・ライフ・バランスの現状と、解決すべき課題をみていこう。

　日本におけるワーク・ライフ・バランスの不調和をもたらす原因のひとつに、性別役割分業の根強さがあげられる。図6-1にみるように、「夫は外で働き、妻は家庭を守るべきである」という性別役割分業に賛成する割合は、専業主婦が主流であった1980（昭和55）年代まで圧倒的多数を占めた。その後、女性の就労拡大とともに賛成派は減少の一途をたどり、2004（平成16）年には反対派が賛成派を上回った。

　ところが、2012（平成24）年に形勢が逆転、反対派が減少に転じ、賛成派が再び過半数を占めた。共働き層の保守化か、専業主婦への憧れか、理由は定か

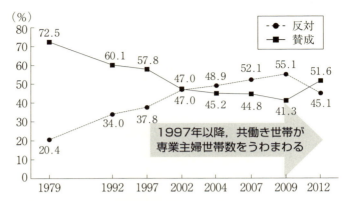

図6-1 「夫は外で働き，妻は家庭を守るべきである」という考え方について

出所）1979年は総理府「婦人に関する世論調査」，1992年は総理府「男女平等に関する世論調査」，1997年以降は内閣府「男女共同参画社会に関する世論調査」より作成。専業主婦世帯数と共働き世帯数については，『男女共同参画白書 平成24年版』第1部第3章第3節「雇用環境の変化」を参照。

ではないが，現在多数を占める共働き層が，必ずしも現実の役割分担に満足しているわけではないことがうかがわれる。

　性別にみると，性別役割分業への賛成派は男性に多く，2012（平成24）年では男性の55％，女性の48％が賛成を選んでいる[1]。つまり，共働きが多数派となった今日でも，家事育児の役割を妻に期待する男性が多いということである。しかし，仕事という新たな役割を引き受けたうえ，家事や育児を今までどおりに期待されるのでは，女性側の負担は重過ぎる。共働きなら夫に家事や育児も分担してほしいと考える女性と，家事育児は妻に担ってほしい男性。双方の期待には明らかな不調和が生じており，晩婚化や非婚，少子化の背景要因となっている。

2．生活時間にみる夫婦間のワーク・ライフ・バランス

　では，現実の役割分担はどのように行われているのだろうか。総務省の「社

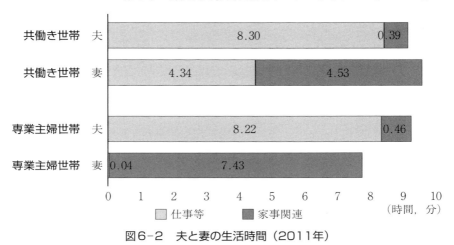

図6-2　夫と妻の生活時間（2011年）

出所）総務省「社会生活基本調査」（2011年）より作成。

会生活基本調査」（2011年）から，夫婦が，仕事・家事・育児など義務的な活動にどれだけ時間を費やしているかをみよう（図6-2）。共働きの場合では，夫と妻の総労働時間（仕事と家事・育児関連の時間の合計）はほぼ等しいが，家事関連時間（育児を含む）については，夫は39分，妻は4時間53分であり，仕事と家事関連時間への配分が夫と妻では大きく異なる。一方，妻が専業主婦の場合，夫の総労働時間9時間8分のうち，家事関連時間は46分であるのに対し，妻の総労働時間7時間47分のほとんどは，家事関連時間である。

　以上から，妻の就業の有無にかかわらず，夫は仕事中心に働き，妻は家事育児の大部分を担当する性別役割分担がみてとれる。夫婦を一体と考えれば，2人で仕事・家事・育児のバランスを図っていることになるが，ペイドワークかアンペイドワークという視点からみると，役割の配分しだいで，経済力の偏りが生じる。ワーク・ライフ・バランスの調整は，個人としてだけでなく，夫婦や家族が，ひとつのチームとして，どのように仕事と生活のバランスをはかるのかという課題を投げかけている。

3. 子育て世代のワーク・ライフ・バランス

　次に子育て世代のワーク・ライフ・バランスについてみていこう。子育てや家事の大半が女性に割り振られていることは，女性の働き方や意識にも，大きく影響している。女性の年齢階級別労働力率をみると，日本の労働力率はいまだにM字型を描いており，欧米諸国に比べて出産・子育て期の離職が目立つ。長時間労働に拘束される夫の育児参加が期待できないうえ，「子どもが3歳くらいまでは，母親が育児に専念した方がよい」と考える人の割合はおよそ8割を占め，子どもの出産前後で就業継続する女性の割合は3割に届かない[2]。乳幼児をもつ母親が仕事を継続することはきわめてハードルが高い現状にある。

　父親についてはどうだろうか。「社会生活基本調査」(2011年) から，6歳未満の子どもをもつ男性の育児時間をみると，1日の育児時間は39分にすぎない。育児を含む家事関連時間全体でも1時間7分にとどまっており，米国の2時間51分，英国2時間46分，フランス2時間30分，ドイツ3時間，スウェーデン3時間21分，ノルウェー3時間12分などに比べると，日本の父親の家事・育児時間は極端に短い[3]。

　父親の家事・育児への参画が少ない背景には，労働時間の長さが関係している。日本の労働時間は国際的にも群を抜いて長く，父が子育ての時間を捻出することは難しい現状がある。残業や休日出勤など健康を害しかねない仕事優先の働き方を改め，家族と過ごす時間を増やすためには，社会的な取り組みが必要である。

　育児休業の取得状況については，女性では8割を超えるが，男性は1割未満の低水準で推移しており，政府が設定した男性の育児休業取得率の数値目標 (2020年度までに13%) は，達成が難しい状況にある。男性が育児休業を取得しない理由を，厚生労働省の『21世紀出生児縦断調査』(2012年) からみると，「職場の雰囲気や仕事の状況から」とする回答が49％，「経済的なことから」とする回答は15％にとどまっており，育児休業による経済的損失よりも，休暇を取ることを快く思わない職場の空気や代替要員のない仕事状況に対する懸

念が強い。長時間労働が常態化した職場で長期休暇を取れば，同僚や上司にしわ寄せが生じ，職場の雰囲気を損なうばかりか，復帰後の査定や昇進へのマイナス影響も計り知れない。男性の育休取得率の低迷を打開するためには，育児休業給付の引き上げという一時的な経済支援にとどまらず，社会全体の労働時間を短縮することや，休暇の取りやすい職場環境を作っていく必要がある。ワーク・ライフ・アンバランスの改善に向けて，時間外労働の削減をはじめ，長時間労働が常態化している現状を改善し，多様な働き方を選ぶことができるように制度を整えていくことが課題である。

第3節　子育てにやさしいワーク・ライフ・バランスの実現に向けて

男女が社会での役割を果たしながら，家庭や地域で過ごす時間を確保し，子育てへの共同参画をすすめるために，性別役割分業や長時間労働の見直しは避けて通れない課題である。これらの課題解決に向けてどのような取り組みが必要になるのか，具体的にみていく。

1．企業とそこで働く人びとの役割

ワーク・ライフ・バランスの実現に向けた取り組みについては，個々の企業の実情に応じて労使が話し合い，自主的に取り組むことが基本であるが，国や地方公共団体も，企業や働く者，国民の取り組みを積極的に支援し，多様な働き方に対応した子育て支援や介護などのための社会的基盤づくりを積極的に行っていかなければならない。

長い労働時間を改善するための取り組みとして，企業とそこで働く者にできることは，①労働時間に関する法令の遵守，②長時間労働の抑制や年次有給休暇の取得促進に向けた業務の見直しや要員確保，③正規雇用労働者に集中する負担を分散し，ワーク・シェアリングを進めることなどである。

また，多様な働き方や生き方が選択できるように，育児・介護休業，短時間勤務，短時間正社員制度，テレワーク，在宅就業など，個人の状況に応じた柔軟な働き方を支える制度を整備し，それらを利用しやすい職場風土づくりを進めていかなければならない。固定的な性別役割分業にとらわれることなく，男性の子育て参画や女性人材の登用を支援・促進するために，仕事と生活の両立支援や男性の育児休業取得の環境を整備したり，女性や高齢者などが再就職・継続就業できる機会を提供することも必要である。

2．国や地方公共団体の役割

　ワーク・ライフ・バランスの実現に取り組む企業に対して，国や地方公共団体は，①法令遵守のための監督・指導を強化するとともに，②顕彰制度や企業の取り組みの診断・点検を支援することを通して，積極的に取り組む企業への社会的評価を推進したり，③先進的な取り組みを行う企業の情報を収集し，広く情報提供を行って取り組みを広げたり，④公共調達において，取り組みの優れた企業を優先的に評価するなどの方法で，その取り組みを支援することができる。

　また，妊娠・出産により就業継続を希望しながらも離職する女性がいまだに多い現状を改善し，育児休業を取得しやすい環境を整備することも，国の取り組みとして必要である。特に男性の育児休業については，ノルウェーの「パパ・クウォータ」制（1993）などを参考に，父親だけが取得できる休暇期間を設定したり，産前産後休暇のように原則義務化するなど，取得による不利益を被ることなく，安心して取得できるしくみの導入を視野に入れたい。学校や地域などさまざまな場で，男女が協力して子育てに関わることについての学習機会を提供することや，男女の多様な働き方に対応する保育サービスの充実など，多様な子育て支援を推進することも，国が率先し，地方公共団体においても積極的に取り組まなくてはならない。

3．個人の役割

　職場や学校，家庭，地域などさまざまなコミュニティに所属して活動する私たちは，男女を問わず，遅かれ早かれ，仕事と生活の調和をどう図るかという課題に直面する。ワーク・ライフ・バランスの実現に向けて，私たち一人ひとりにできることは，第1に，仕事と生活の調和のあり方について，自分は何を望むのか，その実現に向けて，どう行動したらよいのか考えることである。また，第2に，ワーク・ライフ・バランスを目指す国や企業，個人の取り組みを知り，仕事と生活の調和を図るには，どのような制度やしくみを利用できるのか，周囲の理解や協力がどのように必要なのかを学ぶことである。そして，第3に，まずは自分にできそうなことから行動してみること，たとえば，観光庁と内閣府，厚生労働省，経済産業省が共同で提唱・推進している「ポジティブ・オフ運動」に参加し，有給休暇を取りやすい職場の雰囲気づくりに向けて行動を起こすことや，業務の効率化をはかり時間外労働削減に取り組むことなどができるだろう。

　保育職を目指すものとして，子育てを行う男女のワーク・ライフ・バランスの現状を理解し，仕事と子育ての両立を支える保育サービスを担う自らの役割を認識するとともに，自身のワーク・ライフ・バランスについても，積極的に実現を目指していきたい。

注

1）内閣府「平成24年度　男女共同参画社会に関する世論調査」(2012) 図14参照
2）国立社会保障・人口問題研究所「家庭動向調査」第1回（1993）～第5回（2013）参照
3）内閣府『男女共同参画白書　平成25年版』(2013) 第Ⅰ部第3章2節「仕事と生活の調和（ワーク・ライフ・バランス）の重要性」第1-3-6図（p.87）参照
http://www.gender.go.jp/about_danjo/whitepaper/h25/zentai/pdf/h25_genjo2.pdf（参照日：2014年10月14日）

参考文献

国立女性教育会館『男女共同参画統計データブック―日本の女性と男性―2012』ぎょうせい，2012 年
内閣府「仕事と生活の調和とは」
　http://wwwa.cao.go.jp/wlb/towa/index.html（参照日：2014 年 9 月 26 日）
内閣府『男女共同参画白書』平成 24 〜 26 年版
佐藤博樹・武石恵美子『男性の育児休業』中公新書，2004 年
佐藤博樹編『ワーク・ライフ・バランス　仕事と子育ての両立支援』ぎょうせい，2008 年
佐藤博樹・武石恵美子『職場のワーク・ライフ・バランス』日経文庫，2010 年

第7章 子育て家庭の福祉を図るための社会資源

第1節　子育て家庭を取り巻く状況

1．子育て家庭を取り巻く現状

　現在，それぞれの子育て家庭の保護者が単独で子どもを育てていくことは非常に難しくなってきている。家族の機能を補い，ともに支え合ってきた地域社会は崩壊しつつあり，地域同士の助け合いが期待できなくなってきている現状がある[1]。

　保護者だけではなく，子どもの最善の利益を守るという観点からも，社会全体で責任をもって支援していくという体制づくりが急がれており，子育て家庭が支援制度を利用しやすくするための工夫が試みられている。

2．子育て家庭支援施策の基本方針

　国の子育て家庭支援施策の基本方針となっているのは，平成5年に厚生省（現厚生労働省）が発足させた「子どもの未来21プラン研究会」での報告書[2]に見て取れる。その報告書では，従来の「子ども養育はもっぱら家庭が責任を負うものとし，家庭に何かあってからはじめて国や公共団体が支援に動くというあり方」から，「保護者（家庭）を中心としつつも，社会全体で責任を持って支援していく」という方針が明確に打ち出された。そして「家庭と社会のパー

トナーシップのもとに子育てを行っていくという視点が重要」とし，その後のわが国の子育て家庭を支援する施策の基本的方針となっている。

3．子育て家庭を支援する制度

2010年度から2014年度までの5年間で目指すべき施策内容と数値目標を盛り込んだ，少子化社会対策基本法に基づく少子化社会対策大綱（「子ども・子育てビジョン」）が策定され，子どもと子育てを応援する社会の実現に向けて，総合的な子育て支援を推進している（図7-1）。本章では，保育者が知っておくと良いと思われる子育て家庭を支援するさまざまな社会資源について紹介していく。

第2節　子育て家庭のための社会資源

1．社会資源とは

利用者のニーズの充足や，問題解決するために活用される各種の制度・施設・機関・設備・資金・物質・法律・情報・集団・個人の有する知識や技術などを総称して社会資源という[3]。社会資源は，フォーマルな社会資源とインフォーマルな社会資源に分けられる。

（1）インフォーマルな社会資源

インフォーマルな社会資源とは，公的に制度化されていない社会資源のことである。地域や個人のネットワークのなかで相互に助け合う色彩が強い。フォーマルな資源に比べて，安定性，専門性，公平性という特徴はもたないが，ニーズに対する柔軟性，多様性，緊急対応性に優れるという特徴をもつ[4]。また，さまざまな子育て家庭のニーズに合わせた営利・非営利のサービスもあり，子育て家庭のニーズを満たすためにサービスの内容に応じた対価を支払うという形態もある。サポートの性質上，以下の3つに分けて考えていく。

第7章 子育て家庭の福祉を図るための社会資源　57

子どもと子育てを応援する社会

基本的考え方

家族や親が子育てを担う《個人に過重な負担》(チャイルドレン・ファースト)	→	社会全体で子育てを支える《個人の希望の実現》
● 子どもが主人公(チャイルドレン・ファースト) ● 「少子化対策」から「子ども・子育て支援」へ ● 生活と仕事と子育ての調和		

3つの大切な姿勢

生命(いのち)と育ちを大切にする	困っている声に応える	生活(くらし)を支える
1「希望」かなえられる 子育てを大切にするライフサイクル全体を通じて社会的に支える 地域のネットワークで支える	2「希望」かなえられる 生活、仕事、子育てを総合的に支える。格差や貧困を解消する持続可能で活力ある経済社会が実現する	

目指すべき社会への政策4本柱と12の主要施策

1. 子どもの育ちを支え、若者が安心して成長できる社会へ
(1) 子どもを社会全体で支えるとともに、教育機会の確保を
・子ども手当の創設
・高校の実質無償化、奨学金の充実等、学校の教育環境の整備
(2) 意欲を持って就業と自立に向かえるように
・非正規雇用対策の推進、若者の就業支援(キャリア教育・ジョブ・カード)等
(3) 社会生活に必要なことを学ぶ機会を
・学校・家庭・地域の取組、地域ぐるみで子どもの教育に取り組む環境整備

2. 妊娠、出産、子育ての希望が実現できる社会へ
(4) 安心して妊娠・出産できるように
・早期の妊娠届出の勧奨、妊婦健診の公費負担
・相談支援体制の整備(妊娠・出産、人工妊娠中絶等)
・不妊治療に関する相談支援と経済的負担の軽減
(5) 誰もが希望する幼児教育と保育サービスを受けられるように
・潜在的な保育ニーズの充足を視野に入れた保育所待機児童の解消のための抜本的な制度の構築に向けた検討
・新たな次世代育成支援のための総合的な提供(包括的・一元化)
・幼児教育と保育の総合的な充実
・放課後子どもプランの推進、放課後児童クラブの充実
(6) 子どもの健康と安全を守り、安心して医療にかかれるように
・小児医療の体制の確保
(7) ひとり親家庭の子どもが困らないように
・児童扶養手当を父子家庭にも支給、生活保護の母子加算
(8) 特に支援が必要な子どもが健やかに育つように
・障害のある子どものライフステージに応じた一貫した支援の強化

3. 多様なネットワークで子育て力のある地域社会へ
・児童虐待の防止、家庭的養護の推進
(9) 子育て支援の拠点やネットワーク(こんにちは赤ちゃん事業)の充実が図られるように
・乳児の全戸訪問事業等(こんにちは赤ちゃん事業)
・地域子育て支援拠点の設置促進
・ファミリー・サポート・センターの普及促進
・商店街の空き店舗や学校等の余裕教室・幼稚園の活用
・特定非営利活動法人等の地域子育て活動の支援
(10) 子ども部住まいの中で安全・安心にくらせるように
・良質なファミリー向け賃貸住宅の供給促進
・子育てバリアフリーの推進(段差の解消、子育て世帯にやさしいトイレの整備等)
・交通安全教育等の推進(幼児二人同乗用自転車の安全利用の普及等)

4. 男性も女性も仕事と生活が調和する社会へ(ワーク・ライフ・バランスの実現)
(11) 働き方の見直しを
・仕事と生活の調和(ワーク・ライフ・バランス)憲章及び行動指針に基づく取組の推進
・長時間労働の抑制及び次世代育成支援対策推進法の策定・公表の促進
・テレワークの推進
・男性の育児休業の取得促進(パパ・ママ育休プラス)
(12) 仕事と家庭が両立できる職場環境の実現を
・育児休業や短時間勤務等の両立支援制度の定着
・一般事業主行動計画
・次世代育成支援対策推進法(くるみん)の周知・取組促進
・入札手続等における対応の検討

図7-1　少子化社会対策基本法第7条に基づく大綱「子ども・子育てビジョン」

出所：厚生労働省『平成26年版 厚生労働白書』2014年、p. 263

1）個人的な人間関係におけるサポート

　子育て家庭において，子どもを養育することに対しては，物心さまざまな労力が必要となる。以前は，子どもの養育は専ら家庭の責任とわが国では考えられてきた。現代よりも，家族・親戚・地域におけるつながりが強く，子育てをしていくなかで，家族・近隣住民・親戚・友人・同僚など，個人的なつながりのなかでの助け合いという形で行われることが多かった。現代でも，このような個人的な人間関係によって支えられている子育て家庭は多いと思われる。

　しかし，デメリットとして，その関係性が不安定になると，サポート自体も不安定になってしまうということがあげられる。また，サポートする側の負担も少なくなく，個人の関係性に頼るだけでは援助が受けられず孤立し，困窮してしまう状況に陥りやすくなるといえる。

2）地域からのサポート

　個人的なつながりというよりは，地域に暮らす住民として利用できるインフォーマルな社会資源がある。支援の担い手としての公共性が増し，個人的な人間関係の悪化や喪失によって援助が受けられなくなるということが少ないというメリットがある。例として以下があげられる。

(1) 母親クラブ……子どもの健全育成や安全，親同士の交流，子育てや家庭の悩みの助け合いなどを目的に，地域におけるさまざまな課題を解決すべく地域ごとに結成されている。研修会や，地域のボランティア活動などを行っている。

(2) 子育てサークル……子育ての経験や知識をもつ人や，母親同士などが集まり，お互いを支え合ったり，保護者や子育て家庭を支援したりするグループである。

(3) ファミリー・サポート・センター事業……保育を求める子育て中の住民と，援助を行う住民が，お互い事前に会員として登録し，必要に応じて依頼，援助を行う相互の援助組織である。子どもの送迎や預かりなどを

第7章 子育て家庭の福祉を図るための社会資源　59

行っている[5]。

(4) 自治会……生活していく上でのさまざまな課題を，その地域ごとの住民自身が協働で解決するとともに，親睦を図りながら心のつながりを深め，地域まちづくりを進める地域住民の組織である[6]。

(5) 民生委員・児童委員，主任児童委員……自治会や町内会などからの推薦された人が，厚生労働大臣の委嘱を受けそれぞれ担当する区域内で，地域福祉増進のための幅広い活動を行う。民生委員は児童委員も兼務している。主任児童委員は，児童委員のなかから選任され，児童福祉に関する事項を専門的に担当する，民生委員・児童委員のことである。地域活動や訪問活動などを通じて担当地域内の実態を把握し，援助を必要としている住民の相談に応じ，福祉サービスの利用援助や情報提供を行う[7]。

3) 組織・グループとしてのサポート

個人的な人間関係や，地域からのサポート以外のインフォーマルな社会資源として以下があげられる。

(1) 認可外保育施設……認可外保育施設とは，区市町村が設置を届け出る，または民間事業者が都道府県知事の認可を受け設置した「認可保育施設」（児童福祉法第35条第3項・4項）以外の子どもを預かる施設の総称である。また，幼稚園以外で幼児教育を目的とする施設においては，概ね1日4時間以上，週5日，年間39週以上施設で親と離れることを常態としている場合も，認可外保育施設に含まれる。その種類などはさまざまで，フォーマルな社会資源として，東京都の認証保育所のように自治体から補助を受けている施設もあるが，多くは経営者が営利事業として運営している施設である。病院内や病院隣接地に設置する保育施設や，企業が設置する企業内保育所も認可外保育施設である[8]。

(2) ベビーホテル……認可外保育施設のひとつである。20時以降の保育，宿

泊を伴う保育，一時預かりを行う施設と定義されている[9]。
(3) ベビーシッター……親が不在の時などに，一時的に家庭に出向いて，施設へ送迎したり，世話をしたりする居宅訪問型保育である。公的な資格ではないが，公益社団法人全国保育サービス協会が研修会や認定資格の付与を通じて，サービスの質の維持・向上に努めている。厚生労働省や全国保育サービス協会は，ベビーシッターを利用する際の留意点をあげている[9)10)]。
(4) 心理相談室……悩みや相談ごとに対して，臨床心理士などの相談員が有料で応じる施設である。心理系の学科のある大学に併設されていることが多い。専門家が，有料で相談に応じる開業の相談室もある。
(5) ドゥーラ……ドゥーラとは妊産婦やその家族に対し，医学面だけではカバーしきれない心理社会的なサポートを周産期，産褥期，その後の子育て期間を含めて包括的な視点から行っている助産師を中心とした団体・存在である。一般社団法人ドゥーラ協会が研修や認定資格を通じてドゥーラの育成・指導にあたっている。

(2) フォーマルな社会資源

　フォーマルな社会資源とは，公的機関などに制度化されたサービスや支援のことを指す。財源やサービスの内容において一定の制約があらかじめ決められている。そのため，利用者（子育て家庭）が必要に応じて自由に主体的に利用しにくいという点がある。一方公的な責任と位置付けが法律によって守られており，サービスの提供に関する責任の所在が明確である[11]。サービスを必要とする子育て家庭にとっては，サービスの情報を得られやすい，ある一定レベルの質が保障されたサービスが受けられる，利用料などの負担が軽減されるなどといった利点がある。主なものを以下にあげる。
(1) 保育所……保育所では，子どもを預かり保育を行うばかりではなく，通常の保育時間を延長して子どもを預かる「延長保育」や保護者からの相

第7章 子育て家庭の福祉を図るための社会資源

談に応じるなど，子育て家庭のニーズを満たすべくその役割が広がってきている。また地域における子育て支援として地域の住民に対する相談・助言・援助などを本来の保育実践の支障のない範囲で保育所の状況に即した形で行うこともある。

(2) 幼稚園，認定こども園……地域の幼児教育の中心的役割を担っているが，幼稚園の施設・機能の開放や，幼児教育に関する相談・情報提供，保護者同士の交流の機会の提供などの子育て支援の役割も期待されている。

(3) 福祉事務所……経済的困窮や保育所入所やひとり親家庭に対する支援における相談や手続き，支援などを行う行政機関である[12]。

(4) 児童相談所……都道府県（政令指定都市）に設置義務がある行政機関。子どもに関する相談や保護者支援，虐待対応，障害者手帳発行の手続きなどを行う[12]。

(5) 児童家庭支援センター……地域の児童福祉に関する問題について，児童，ひとり親家庭，地域住民などからの相談に応じ，必要な助言を行うとともに，保護を要する児童またはその他の保護者に対する指導を行う。あわせて児童相談所，児童福祉施設などとの連絡調整を総合的に行い，地域の児童，家庭の福祉向上を図る。またトワイライトステイ（夕方～夜の一時保育），子育て短期利用事業（ショートステイ，いわゆる"お泊り保育"）など，状況に応じて子どもを預かる体制を取っているところもある。

(6) 乳児院・児童養護施設……児童養護施設や乳児院では，社会的養護における活動のほか，地域の子育て家庭に対する相談援助も行っている。

(7) 保健所・市町村保健センター……地域の保健サービスを担う行政機関。乳幼児の健診，妊産婦・新生児・乳幼児への家庭訪問や保健指導，子育てに関する相談活動などを行っている[12]。

(8) 発達障害者支援センター……各都道府県・指定都市に設置されている。発達障がい者やその家族などに対して，相談支援，発達支援，就労支援及び情報提供などを行っている[12]。

(9) 配偶者暴力相談支援センター……配偶者からの暴力の防止及び被害者の保護を図るため，相談，カウンセリング，一時保護，自立支援などを行う行政機関である[12]。

(10) 地域子育て支援センター……子育て親子の交流の促進や，子育てに関する相談の実施などを行う地域の子育て支援の拠点である。

(11) 児童デイサービス……学齢期の障がいをもつ子どもに対して，自立を促進のためや，放課後・夏休みなどの長期休暇中における生活能力向上のための訓練などのサービスが継続的に提供される。障がいをもつ子どもにとっては，学校や家庭以外の大切な居場所となることが期待されている。

(12) 放課後児童クラブ……保護者が働いていて日中家庭にいない小学生の子どもに対し，遊びや生活の場を提供し，その健全な育成を図る事業である[13]。

(13) 放課後子ども教室……地域の住民が小学校の余裕教室などを活用し，子どもたちとともに行う学習やスポーツ・文化活動などの取り組みを支援している[14]。

(14) 乳幼児健康支援デイサービス・乳幼児健康支援一時預かり事……いわゆる病児保育・病後児保育のことである。

(15) 福祉型障害児入所施設……障がいをもつ子どもを対象に，より良い生活が送れるよう入所・通所での支援を行っている。また，養育に関する助言や支援などの活動を行い，保護者や家族を含めたケアを行っている施設である。

(16) 家庭的保育（保育ママ）……自治体によっては家庭福祉員ともよばれる。保護者の就労のため，昼間家庭で保育が困難な乳児または幼児について，家庭的保育者の居宅その他の場所において，家庭的な雰囲気のなかで保育を行う事業のことを指す。子どもの定員は5人以下とされている[15]。

(17) 小規模保育……子どもの定員が6〜19人までの0歳児〜満3歳未満児を

対象に行われる保育である。都市部などで問題となっている待機児童問題を解消させる保育施設として期待されている。自治体から認可をうける必要がある。

第3節 これからの子育て家庭支援における社会資源

1．子ども・子育て支援新制度
（1） 子ども・子育て新制度における子育て家庭への支援体制の充実

2012（平成24）年8月に子ども・子育て支援法が国会で可決され成立した。これに基づき，2015（平成27）年4月から，「子ども・子育て支援新制度」が始まり，より多くの保育に関わる施設が公的な財政支援の対象となった。また，子育て家庭にとって，子育てがよりしやすい環境となり，子育てに喜びを感じられるよう，より地域の実情に応じて，利用できる社会資源が以下のように整備されている。

1）「認定こども園」のさらなる普及
これまで多く利用されてきた幼稚園と保育園に加え，両方の利点を併せもつ「認定こども園」の数を増やしていく。目的として以下の3つがあげられる。
(1) 保護者の働いている状況に関わりなく，どの子どもも，教育・保育を一緒にうけるようにする。
(2) 保護者の就労状況が変わった場合も，通い慣れた園を継続して利用できるようにする。
(3) 子育て支援の場を用意し，園に通っていない子どもの家庭も，子育て相談や親子の交流の場などに参加できるようにする。

2）「地域型保育」の充実
従来はインフォーマルな社会資源であることが主だったこれらの活動について，自治体から認可され事業費の補助が行われている。待機児童の問題や，子育て家庭の厳しい現状に対してより実効性のある社会資源とすべく，子育て家

庭に対しては，より柔軟に，サービスがしっかりと届くような制度となるべく検討・実施されている。

具体的には，保育園・認定こども園より少人数単位で，0～2歳の子供を預かる事業を増やし，施設不足に悩む都市部や子どもの減少している地方などの状況に合わせた保育の場を市町村が中心となり以下の4つの事業を充実させていく。

(1) 家庭的保育（保育ママ）……上記第2節(2)(16)参照。
(2) 小規模保育……上記第2節(2)(17)参照。
(3) 事業所内保育……上記第2節3(1)参照。
(4) 居宅訪問型保育……障がい・疾患などで個別のケアが必要な場合や，施設がなくなった地域で保育を維持する必要がある場合などに，保護者の自宅で1対1で保育を行う。

2．子育て家庭と社会資源をつなぐには

子育てや，さまざまな問題に直面し，悩んでいる子育て家庭に対して，保育者はどのように支援・援助できるのであろうか。

子育て家庭が直面する問題は，経済面，心理面，医療面などさまざまな要因が絡まり複合的になっており，ある一部分の支援だけでは解決していかないことも多い。また，短期的な支援のほかに，子どもの成長に沿った長期的な視点からの支援も必要となってくる場合もある。保育所や保育者のみでは対応できない事例に遭遇することが今後あるかと思われる。その事例に対応できる社会資源が自分のいる地域にあるのかどうかを常日頃から知っておくことが大切である。

また，相手の気持ちにしっかりと寄り沿わないままに外部の社会資源につないでしまうなど，保育者がよかれと思って一方的に社会資源につなごうとしてもうまくいかない場合もある。命に関わるような緊急時の場合は別として，保育者として，困っている子育て家庭の状況や背景の理解に努め，きちんと相手

の気持ちや思いを汲み取りながら支援や援助を進めて行くことが望まれる。

注
1) 厚生労働省『2013年版　厚生労働白書』2013年，p.294
2) 子供の未来21プラン研究会監修「たくましい子供・明るい家庭・活力とやさしさに満ちた地域社会をめざす21プラン研究会（子供の未来別プラン研究会）報告書」(PDF資料) 1993年，国立社会保障・人口問題研究所
　　http://www.ipss.go.jp/publication/j/shiryou/no.13/data/shiryou/syakaifukushi/473.pdf（参照日：2014年9月1日）
3) 松井圭三編著『家庭支援論』大学教育出版，2012年，p.23
4) 秋元美世ほか編『現代社会福祉辞典』有斐閣，2003年，p.189
5) 橋本真紀・山縣文治編『よくわかる家庭支援論』ミネルヴァ書房，2011年，p.166
6) 札幌市ホームページ「町内会・自治会とは」
　　http://www.city.sapporo.jp/shimin/shinko/chounaikai/gaiyo.html（参照日：2014年9月1日）
7) 横浜市健康福祉局ホームページ「民生委員・児童委員，主任児童委員」
　　http://www.city.yokohama.lg.jp/kenko/mj/（参照日：2014年9月1日）
8) 東京都福祉保健局ホームページ「認可外保育施設について」
　　http://www.fukushihoken.metro.tokyo.jp/kodomo/hoiku/ninkagai/（参照日：2014年9月1日）
9) 厚生労働省ホームページ「認可外保育施設に対する指導監督の実施について」
　　http://www.mhlw.go.jp/stf/seisakunitsuite/bunya/kodomo/kodomo_kosodate/babysitter/index.htm（参照日：2014年9月1日）
10) 公益社団法人全国保育サービス協会ホームページ
　　http://www.acsa.jp/index.htm（参照日：2014年9月1日）
11) 社会福祉辞典編集委員会編『社会福祉辞典』大月書店，2002年，p.232
12) 大嶋恭二・金子恵美編著『保育相談支援』建帛社，2011年，p.43
13) 厚生労働省ホームページ「放課後児童クラブ」(PDF資料)
　　http://www.mhlw.go.jp/bunya/kodomo/kosodate13/dl/kosodate-g.pdf（参照日：2014年9月1日）
14) 文部科学省ホームページ「放課後子供教室について」
　　http://manabi-mirai.mext.go.jp/houkago/about.html（参照日：2014年9月1日）
15) 東京都大田区ホームページ「家庭福祉員（保育ママ）」
　　http://www.city.ota.tokyo.jp/seikatsu/kodomo/shien/mama/hoikumama.html（参照日：2014年9月1日）

参考文献

岸利江子「ドゥーラサポートについて考える―日本の助産師がドゥーラについて学ぶ意義」『助産雑誌』第61巻　第2号，医学書院，2007年

岸利江子・小林登「母乳育児におけるドゥーラの役割（母乳）」『周産期医学』第38巻　第10号，東京医学社，2008年

厚生労働省編『保育所保育指針解説書』フレーベル館，2008年

橋本真紀・山縣文治編『よくわかる家庭支援論』ミネルヴァ書房，2011年

松本園子ほか『実践家庭支援論』ななみ書房，2011年

文部科学省編『幼稚園教育要領解説』フレーベル館，2008年

内閣府・文部科学省・厚生労働省『子ども・子育て支援新制度なるほどBOOK』2016年

第8章 子育て支援施策・次世代育成支援施策の推進

第1節　エンゼルプランから新エンゼルプランまで

1．エンゼルプラン

　1990年代頃より,「少子化」が社会問題となった。「少子化」の状態が続くと,子ども同士のふれあいの減少などにより自主性や社会性が育ちにくいといった子どもの育ちに直接関係する問題だけでなく,人口の減少などによる社会経済などの減退といった問題が出てくる。

　そこで少子化対策として,子育て支援対策が政府から打ち出された。1994（平成6）年に文部・厚生・労働・建設4大臣合意で「今後の子育て支援のための施策の基本方向について（エンゼルプラン）」が出されることとなった。このプランの基本的視点は,① 子どもを生むか生まないかは個人の選択に委ねられるべき事柄であるが,「子どもを持ちたい人が持てない状況」を解消し,安心して子どもを生み育てることができるような環境を整えること,② 今後とも家庭における子育てが基本であるが,家庭における子育てを支えるため,国,地方公共団体,地域,企業,学校,社会教育施設,児童福祉施設,医療機関などあらゆる社会の構成メンバーが協力していくシステムを構築すること,③ 子育て支援のための施策については,子どもの利益が最大限尊重されるよう配慮することの3つである。これに基づき,① 子育てと仕事の両立支援の

推進，② 家庭における子育て支援，③ 子育てのための住宅及び生活環境の整備，④ ゆとりある教育の実現と健全育成の推進，⑤ 子育てコストの軽減を基本的方針として施策が進められていった。

2．緊急保育対策等5か年事業

1994年にエンゼルプランの施策の具体化の一環として，1995（平成7）年度から5か年の目標を定め，「緊急保育対策等5か年事業」が策定された。これは，近年の女性の社会進出の増加などに対応するため，当面，エンゼルプランのうち緊急に整備すべきものとして保育対策などについて，厚生・大蔵・自治の3大臣合意により，当面の緊急保育対策などを推進するための基本的考え方として出されたものである。具体的な施策としては，① 低年齢児保育の促進，② 多様な保育サービスの促進，③ 保育所の多機能化のための整備，④ 保育料の軽減，⑤ 子育てを地域ぐるみで支援する体制の整備，⑥ 母子保健医療体制の充実があげられている。

3．少子化対策推進基本方針

1999（平成11）年に，中長期的に進める総合的な少子化対策の指針として，「少子化対策推進関係閣僚会議」において，「少子化対策推進基本方針」が策定された。ここでは，少子化の原因として，近年の出生率低下をあげ，その主な要因としては，晩婚化の進行などによる未婚率の上昇があるとしている。その背景には，結婚に関する意識の変化とあわせて，固定的な性別による役割分業を前提とした職場優先の企業風土，核家族化や都市化の進行などにより，仕事と子育ての両立の負担感が増大していることや，子育てそのものの負担感が増大していることがあると考えられるとされた。

そこで，仕事と子育ての両立や子育てそのものにかかる負担感を緩和・除去し，安心して子育てができるようなさまざまな環境整備を進めることにより，21世紀の日本を家庭や子育てに夢や希望をもつことができる社会にするもの

であるとしている。

そして，少子化対策の推進にあたっては，① 結婚や出産は，当事者の自由な選択に委ねられるべきものであること，② 男女共同参画社会の形成や，次代を担う子どもが心身ともに健やかに育つことができる社会づくりを旨とすること，③ 社会全体の取り組みとして，国民的な理解と広がりをもって子育て家庭を支援することを基本視点としている。

具体的な施策としては，① 固定的な性別役割分業や職場優先の企業風土の是正，② 仕事と子育ての両立のための雇用環境の整備，③ 安心して子どもを産み，ゆとりをもって健やかに育てるための家庭や地域の環境づくり，④ 利用者の多様な需要に対応した保育サービスの整備，⑤ 子どもが夢をもってのびのびと生活できる教育の推進，⑥ 子育てを支援する住宅の普及などの生活環境整備の 6 項目が基本的施策として掲げられた。

4．新エンゼルプラン

1999（平成 11）年に，「重点的に推進すべき少子化対策の具体的実施計画について（新エンゼルプラン）」が発表された。このプランは，「少子化対策推進基本方針」に基づく重点施策の具体的実施計画として策定され，大蔵・文部・厚生・労働・建設・自治の 6 大臣の合意として出された。この施策の主な内容は，① 保育サービス等子育て支援サービスの充実，② 仕事と子育ての両立のための雇用環境の整備，③ 働き方についての固定的な性別役割分業や職場優先の企業風土の是正，④ 母子保健医療体制の整備，⑤ 地域で子どもを育てる教育環境の整備，⑥ 子どもたちがのびのび育つ教育環境の実現，⑦ 教育に伴う経済的負担の軽減，⑧ 住まいづくりやまちづくりによる子育ての支援である。これに基づいて，低年齢児の受け入れ枠を 1999 年の 58 万人から 2004（平成 16）年までに 68 万人にすることや延長保育を 1999 年の 7,000 カ所から 1 万カ所に増やしていくといった具体的な実施計画が立てられた。

第2節　待機児童ゼロ作戦から子ども子育て応援プランまで

1．待機児童ゼロ作戦

　新エンゼルプランを補う形で，保育所に入れない待機児童をなくすため，2001（平成13）年に「待機児童ゼロ作戦」が閣議決定された。待機児童ゼロ作戦とは，保育所，保育ママ，自治体単独施策，幼稚園預かり保育などを活用し，2002（平成14）年度中に5万人，さらに2004（平成16）年度までに10万人，計15万人の受け入れ児童数の増を図り，待機児童の減少を目指す取り組みである。そのために，待機児童の多い地域に重点的に保育所を整備したり，幼稚園における預かり保育を充実させるなどの具体的な取り組みが示された。しかし，この取り組みは，保育所の受け入れ人数の増加より保育所利用を希望する者の増加の方が多く，待機児童解消は期待通りに進まなかった。

2．少子化対策プラスワン

　2002年に発表された「日本の将来推計人口」において，少子化の要因として，晩婚化，未婚化に加え，「結婚した夫婦の出生力そのものの低下」という新たな傾向が認められ，少子化がより一層進行するとの見通しが示された。それにより，従来の取り組みに加え，もう一歩踏み込んだ少子化対策として，2002年に「少子化対策プラスワン」が厚生労働省によってまとめられた。「少子化対策プラスワン」は，「新エンゼルプラン」をさらに推進する施策である。「子育てと仕事の両立」が中心であったそれまでの対策に加え，男性を含めた働き方の見直し，地域における子育て支援，社会保障における次世代支援，子どもの社会性の向上や自立の促進などの4つの柱に沿った対策と待機児童ゼロ作戦を総合的かつ計画的に推進する計画である。

　これにより，社会全体で少子化対策に取り組む方向性が示された。

3. 少子化社会対策大綱

　少子化が社会・経済の持続性を揺るがす問題であり、かつ、子どもにとって健全に育ちにくい社会になるなどの懸念のある問題であるにもかかわらず、その危機感が社会で共有されていないとの認識により、「子どもが健康に育つ社会」「子どもを生み、育てることに喜びを感じることができる社会」への転換が喫緊の課題とされた。そして、2004年、内閣府におかれた少子化社会対策会議作成案をうけて、「少子化社会対策大綱」が閣議決定された。この大綱では、①自立への希望と力、②不安と障壁の除去、③子育ての新たな支え合いと連帯を少子化の流れを変える3つの視点として掲げている。それに基づいて、「若者の自立とたくましい子どもの育ち」「仕事と家庭の両立支援と働き方の見直し」「生命の大切さ、家庭の役割等についての理解」「子育ての新たな支え合いと連帯」という4つの重点課題と、重点課題に取り組むための28の行動が示された。

　この「少子化社会対策大綱」の掲げる4つの重点課題に沿って、2005（平成17）年度から2009（平成21）年度までの5年間に講ずる具体的な支援内容と目標を示したものが、次に述べる「少子化社会対策大綱に基づく重点施策の具体的実施計画について」（子ども・子育て応援プラン）である。これにより、今後5年間の国の新たな少子化対策が打ち出された。

4. 子ども・子育て応援プラン

　子ども・子育て応援プランは、「少子化社会対策大綱」で示された①自立への希望と力、②不安と障壁の除去、③子育ての新たな支え合いと連帯を少子化の流れを変える3つの視点から、2005年度から2009年度までの方向性として、重点課題と、重点課題に取り組むための28の行動を示したものである（以下は28の行動の一部を抜粋したものである）。

（1） 若者の自立とたくましい子どもの育ち
　(1) 若者の就労支援に取り組む
　(2) 奨学金の充実を図る
　(3) 体験を通じ豊かな人間性を育成する
　(4) 子どもの学びを支援する
（2） 仕事と家庭の両立支援と働き方の見直し
　(1) 育児休業制度等についての取組を推進する
　(2) 労働時間の短縮等仕事と生活の調和のとれた働き方の実現に向けた環境整備を図る
　(3) 妊娠・出産しても安心して働き続けられる職場環境の整備を進める
（3） 生命の大切さ，家庭の役割等についての理解
　(1) 乳幼児とふれあう機会の充実等を図る
　(2) 生命の大切さ，家庭の役割等についての理解を進める
　(3) 安心して子どもを生み，育てることができる社会の形成についての理解を進める
（4） 子育ての新たな支え合いと連帯
　(1) 就学前の児童の教育・保育を充実する
　(2) 地域における子育て支援の拠点等の整備及び機能の充実を図る
　(3) 児童虐待防止対策を推進する
これに伴い，保育サービスに関する数値目標が示された。

第3節　新待機児童ゼロ作戦から子ども・子育て関連3法まで

1．新待機児童ゼロ作戦

　2008（平成20）年に「新待機児童ゼロ作戦」が始まった。これは，希望するすべての人が子どもを預けて働くことができるための体制づくりを目指しており，集中重点期間を2008年から2017（平成29）年の10年間としている。集中

重点期間中の対応としては,「児童福祉法」の改正により,保育サービスの量的拡充と提供手段を多様化すること,小学校就学後まで施策対象を拡大すること,「次世代育成支援対策推進法」を改正して,地域における保育サービスなどを計画的整備すること,子どもの健やかな育成などのため,サービスの質を確保することがあげられている。これにより,保育所の運営に民間企業の参入が認められたり,保育所の設置基準を引き下げたりするなどの規制緩和が実施された。

2．子ども・子育てビジョン

　2010（平成22）年に,前掲の「少子化社会対策大綱」を5年ぶりに見直す形で閣議決定された,今後の子育て支援の方向性を示す総合的なビジョンである。① 子どもの育ちを支え,若者が安心して成長できる社会へ,② 妊娠,出産,子育ての希望が実現できる社会へ,③ 多様なネットワークで子育て力のある地域社会へ,④ 男性も女性も仕事と生活が調和する社会へ,の目指すべき社会への政策4本柱と12の主要施策を定めている。それに伴い,2014（平成26）年度までの施策ごとの数値目標が示された。また男性も女性も子育てと仕事の両立が図れるように,男性の育児休暇の取得促進や長時間労働の抑制及び年次有給休暇の取得促進,育児休業や短時間労働などの両立支援制度の定着など具体策があげられている。

3．子ども・子育て関連3法

　子ども・子育て関連3法とは,「子ども・子育て支援法」「就学前の子どもに関する教育,保育等の総合的な提供の推進に関する法律の一部を改正する法律」「子ども・子育て支援法及び就学前の子どもに関する教育,保育等の総合的な提供の推進に関する法律の一部を改正する法律の施行に伴う関係法律の整備等に関する法律」のことである。保護者が子育てについての第一義的責任を有するという基本的認識の下に,幼児期の学校教育・保育,地域の子ども・子

育て支援を総合的に推進するといった趣旨のもと，2012（平成24）年に制定された。これらの法律の主なポイントは，「認定こども園，幼稚園，保育所を通じた共通の給付及び小規模保育等への給付の創設」「認定こども園制度の改善」「地域の実情に応じた子ども・子育て支援の充実」の3つである。これに伴い，保育の量の拡大・確保や幼児期の学校教育・保育の総合的提供，「地域子ども・子育て支援事業」制度の整備などが施策として行われていくこととなった。

参考文献

草野いづみ編著『みんなで考える家族・家庭支援論』同文書院，2013年
吉田眞理『生活事例からはじめる児童福祉』青踏社，2010年
伊達悦子・辰巳隆編『保育士をめざす人の児童福祉』みらい，2007年
厚生労働省「新エンゼルプランについて」2011年
厚生労働省「子ども子育てビジョン」2010年

子育て支援サービスの概要

第1節　子育て支援サービスの役割

1．子育て支援事業

　子育て支援事業は,「児童福祉法」第21条の8において「子育て支援事業に係る福祉サービスその他地域の実情に応じたきめ細かな福祉サービスが積極的に提供され,保護者が,その児童及び保護者の心身の状況,これらの者の置かれている環境その他の状況に応じて,当該児童を養育するために最も適切な支援が総合的に受けられるように,福祉サービスを提供する者又はこれに参画する者の活動の連携及び調整を図るようにすることその他の地域の実情に応じた体制の整備に努めなければならない」と市町村の義務と必要性について定めている。また,同条の9において「放課後児童健全育成事業,子育て短期支援事業,乳児家庭全戸訪問事業,養育支援訪問事業,地域子育て支援拠点事業及び一時預かり事業並びに次に掲げる事業であつて主務省令で定めるもの(児童及びその保護者又はその他の者の居宅において保護者の児童の養育を支援する事業。保育所その他の施設において保護者の児童の養育を支援する事業。地域の児童の養育に関する各般の問題につき,保護者からの相談に応じ,必要な情報の提供及び助言を行う事業)」と事業の内容とその実施について定めている。

2．子育て支援の必要性

　近年，子どもや保護者を取り巻く環境は，大きな変化を遂げている。そのようななかで，子育て不安の増大，子育て家庭の孤立化，児童虐待の増加的傾向，発達の課題を抱える子どもの増加，貧困の状況にある子どもの増加など，子どもや保護者が直面する現状と課題が，日々浮き彫りとなってきている。これらの課題について具体的な例を示すと，厚生労働省によると，児童虐待に関する相談件数は2012（平成24）年の1年間で6万6,701件であり，その内，小学生までの子どもが78.7％を占め，小学校就学前の子どもは43.5％と高い割合を示している。毎年右肩上がりで相談件数が増加傾向にあり，近年特に急激な増加の傾向にある。また，児童虐待により子どもが死亡した件数は，2003（平成15）年の第1次報告以降，高い水準での推移が続いており，減少の様子はみられない。その他，貧困の状況にある子どもが近年増加傾向にある。OECDによる相対的貧困率の国際比較（2010年）によると，日本の子どもの相対的貧困率は加盟国34カ国中10番目に高く，OECD平均を上回っており，子どもがいる現役世代のうち大人が1人の世帯の相対的貧困率はOECD加盟国中もっとも高い。また，平成26年版『子ども・若者白書』によると，経済的理由により就学困難と認められ就学援助を受けている小学生・中学生は，2012（平成24）年には約155万人で，1995（平成7）年の調査開始以降初めて減少したが，その主な原因は子どもの全体数の減少によるものであり，就学援助率は15.64％と過去最高の割合を示しており，貧困に苦しむ子どもと保護者の姿がみてとれる。

　子どもや保護者，子育て家庭に対する社会的な支援の重要性と必要性が緊急的な課題として，社会全体で認識されるようになってきた。それと同時に，これらの問題を解決するための手段として，子育て支援の充実と拡大の必要性についても広く認識されることとなり，その役割と意義は大変大きなものとして，期待されている。

第2節　保育サービスによる子育て支援

1．保育施設

　保育サービスとは，保育所や幼稚園，認定こども園などの施設において，子どもとその保護者に対して提供されるさまざまな保育に関わるサービスを示す。その利用目的や設置者により提供される施設が分かれることとなり，認可保育所や認可外保育施設，幼稚園，認定こども園などが，主なサービス提供のための施設とされる。

（1）　認可保育所

　認可保育所は，施設設備や職員数，資格などについて，国の定める最低基準を満たし認可された保育施設であり，2013（平成25）年4月現在で，2万4,038カ所，定員は228万8,819人となっている。地域差は非常に大きいが，利用希望が多く，利用することのできない待機児童も2万2,741人と多い。特に低年齢児が全体の82%を占めており，その内1・2歳児が1万5,621人を占める。

　「児童福祉法」第39条の規定に基づく，「保育に欠ける子ども」の保育を行う施設であり，家庭との緊密な連携の下，子どもの状況や発達過程を踏まえ，適切な環境を通して，養護と教育の一体的な提供を図ることを特性としている。また，入所する子どもの保護者に対する支援と地域の子育て家庭に対する支援を行う役割も担う。

（2）　認可外保育施設

　認可外保育施設とは，「児童福祉法」上の保育所に該当しない保育施設であり，設置には，「児童福祉法」第59条による届け出が必要とされる。ベビーホテル，地方単独保育事業，事業所内保育所，病院内保育所などがそれにあたる。2013年の指導監督状況をもとに集計された，事業所内保育所を除く認可外保育施設の総数は，7,834カ所であり，入所児童数は20万721人となっている。どちらも前年増であり，認可保育所では対応できない（時間的な融通が効

く，24時間型対応が可能である，病気の時も利用できるなど），特に3歳未満の子どもを中心とした認可保育所の不足に伴う受け入れ先などといった保育ニーズの受け皿となっている。

（3） 認定こども園

認定こども園とは，「就学前の子どもに関する教育，保育等の総合的な提供の推進に関する法律」に基づき，幼児期の教育及び保育が生涯にわたる人格形成の基礎を培う重要なものであることと，日本における少子化や子育て家庭を取り巻く環境の変化を踏まえ，小学校就学前の子どもに対する教育及び保育，並びに保護者に対する子育て支援の総合的な提供の推進を目的に設置された施設である。

幼保連携型，幼稚園型，保育所型，地方裁量型の4つのタイプに分類され，都道府県知事により認定される。2014（平成26）年現在の認定件数は1,359件であり，幼保連携型が720件，幼稚園型が410件，保育所型が189件，地方裁量型が40件である。保護者の就労の有無にかかわらず利用が可能となり，就学前の子どもに対する教育と保育の一体的な提供の機能と，地域における子育て支援を行う機能を有する。

2．多様な子育て支援サービス

現在，保育施設を利用した多様な子育て支援サービスが行われている。保護者は勤務体系や労働時間，労働条件，生活様式などのさまざまな理由により，多様なニーズを抱えている。そのため，これらのニーズ解決に向けた，多くの子育て家庭を支援することができるサービスとして，延長保育や休日保育，夜間保育，特定保育，病児・病後児保育，一時預かりなどのサービスが，主に認可保育所において行われている。

（1） 延長保育

延長保育とは，認可保育所における通常の開所時間を超えて保育を行う事業である。保護者の就労の形態はさまざまであり，11時間の開所時間を超えた

保育ニーズに対応するための取り組みとして実施されている。

（2） 休日保育

休日保育とは，保護者が日曜や祝日に勤務のため，保育が必要となる子どもを対象に保育を行う事業である。

（3） 夜間保育

夜間保育とは，保護者が就労などの理由により，子どもの保育が困難とされる子どもを対象に保育を行う事業である。開所時間は概ね11時間とし，おおよそ午後10時までを原則としている。

（4） 特定保育

特定保育とは，保護者の週2～3日のパート就労や病気，入院などの断続的な保育需要に対して，保育を行う事業である。

（5） 病児・病後児保育

病児・病後児保育とは，地域の児童を対象に当該児童が発熱等の急な病気となった場合，病院・保育所等に付設された専用スペースにおいて看護師等が保育する事業，及び保育中に体調不良となった児童を保育所の医務室等において看護師等が緊急的な対応等を行う事業である。事業類型は，病児対応型，病後児童対応型，体調不良時対応型に分類される。

（6） 一時預かり

一時預かり事業とは，保護者の病気，冠婚葬祭，習い事，育児による身体・心理的負担など，理由を問わず，家庭において保育が困難となった子どもに対して，一時的に預かり，保育を行う事業である。

第3節　子ども・子育て支援新制度

2012（平成24）年に成立した子ども・子育て関連3法に基づき，2015（平成27）年度の本格施行を予定とし，施設型給付及び地域型保育給付の創設や認定こども園制度の改善（特に幼保連携型認定こども園），地域の実情に応じた子ど

も・子育て支援の充実，政府推進体制の整備，恒久的財源の確保などに向けた，新たな制度としての取り組みが，現在進められている。

　子ども・子育て支援新制度は，「量」と「質」の両面から，効果的な子ども・子育て支援の推進を目指しており，保育施設の体制整備や地域型保育事業の整備，地域の子育て支援の充実により，すべての子どもと子育て家庭を対象とした，支援の確立を目指している。

1．地域型保育事業

　地域型保育事業とは，子ども・子育て支援新制度において，市町村による認可事業として，児童福祉法に位置付けた上で，地域型保育給付の対象とし，多様な施設や事業のなかから利用者が選択できる仕組みである。待機児童対策としての施設の側面ももつが，地域における多様なニーズにきめ細かく対応できるよう，さまざまな場所，規模，形態で展開可能な事業であり，質が確保された保育を提供し，子どもの成長を支援する事業と位置付けられている。小規模型保育，家庭的保育，居宅訪問型保育，事業所内保育の4つの事業が地域型保育事業とされ，事業所内保育以外は，基本的に0～2歳児が対象となる。

　なお，詳細については，各市町村において定める条例により，職員配置などの運営基準が一部異なる。

（1）　小規模型保育

　6～19人までを規模とし，小規模で家庭的保育事業に近い雰囲気のもと，きめ細かな保育を実施する。職員や施設設備の基準によるA型，B型，C型の3類型に分類される。

（2）　家庭的保育

　家庭的保育者1人につき子ども3人（家庭的補助者がいる場合は子ども5人）までの規模とし，家庭的保育者の居宅，その他さまざまなスペースを用い，家庭的な雰囲気のもとできめ細かな保育を実施する。

（3） 居宅訪問型保育

1対1を基本とし，利用する保護者・子どもの居宅において，住み慣れた安定した環境のもとできめ細かな保育を実施する。

（4） 事業所内保育

人数規模はさまざまであり，企業が主として，従業員への仕事と子育ての両立支援策として実施する。規模により基準が異なり，20人以上は認可保育所と同様の基準，19人以下は小規模保育事業A・B型の基準と同様となる。

2．地域子ども・子育て支援事業

市町村は，子ども・子育て家庭を対象とする子育て支援の充実として，市町村子ども・子育て支援事業計画に従い，13の事業をすすめることが定められている。現在既に実施されている10の事業について，新たに整理し支援の充実と改善を図るとともに，新規事業により，事業を利用する子ども・子育て家庭の多様なニーズにきめ細かく対応すべく，準備が進められている。

地域子ども・子育て支援事業の事業内容は，地域子育て支援拠点事業，妊婦健康診査，乳児家庭全戸訪問事業，養育支援訪問事業，子育て短期支援事業，ファミリー・サポート・センター事業（子育て援助活動支援事業），一時預かり事業，延長保育事業，病児保育事業，放課後児童クラブ（放課後児童健全育成事業），新規事業として，利用者支援事業，実費徴収に係る補足給付を行う事業，多様な主体が本制度へ参入することを促進するための事業として，策定される（表9-1）。

これらの事業のなかで，子ども・子育て会議において特に，一時預かり事業，放課後児童クラブ，利用者支援事業の見直しや検討が図られ，取りまとめがなされた。

一時預かり事業は，利用者普及を図るため，事業類型などの見直しを図り，一般型，余裕活用型（新規），幼稚園型，訪問型（新規）に再編された。放課後児童クラブは，参酌すべき基準として，従事する者，員数，児童の集団の規

表9-1　地域子ども・子育て支援の概要について

1	利用者支援事業	新規	子ども又はその保護者の身近な場所で，教育・保育施設や地域の子育て支援事業等の情報提供及び必要に応じ相談・助言等を行うとともに，関係機関との連絡調整等を実施する事業。「基本型」「特定型」のいずれかの類型を選択して実施。
2	地域子育て支援拠点事業		乳幼児及びその保護者が相互の交流を行う場所を開設し，子育てについての相談，情報の提供，助言その他の援助を行う事業。
3	妊婦健康診査		妊婦の健康の保持及び増進を図るため，妊婦に対する健康診査として，①健康状態の把握，②検査計測，③保健指導を実施するとともに，妊娠期間中の適時に必要に応じた医学的検査を実施する事業。
4	乳児家庭全戸訪問事業		生後4カ月までの乳児のいる全ての家庭を訪問し，子育て支援に関する情報提供や養育環境等の把握を行う事業。
5	養育支援訪問事業		養育支援が特に必要な家庭に対して，その居宅を訪問し，養育に関する指導・助言等を行うことにより，当該家庭の適切な養育の実施を確保する事業。
6	子育て短期支援事業		保護者の疾病等の理由により家庭において養育を受けることが一時的に困難となった児童について，児童養護施設等に入所させ，必要な保護を行う事業（短期入所生活援助事業（ショートステイ事業）及び夜間養護等事業（トワイライトステイ事業））。
7	ファミリー・サポート・センター事業（子育て援助活動支援事業）		乳幼児や小学生等の児童を有する子育て中の保護者を会員として，児童の預かり等の援助を受けることを希望する者と当該援助を行うことを希望する者との相互援助活動に関する連絡，調整を行う事業。
8	一時預かり事業		家庭において保育を受けることが一時的に困難となった乳幼児について，主として昼間において，認定こども園，幼稚園，保育所，地域子育て支援拠点その他の場所において，一時的に預かり，必要な保護を行う事業。
9	延長保育事業		保育認定を受けた子どもについて，通常の利用日及び利用時間以外の日及び時間において，認定こども園，保育所等において保育を実施する事業。
10	病児保育事業		病児について，病院・保育所等に付設された専用スペース等において，看護師等が一時的に保育等する事業。
11	放課後児童クラブ（放課後児童健全育成事業）		保護者が労働等により昼間家庭にいない小学校に就学している児童に対し，授業の終了後に小学校の余裕教室，児童館等を利用して適切な遊び及び生活の場を与えて，その健全な育成を図る事業。
12	実費徴収に係る補足給付を行う事業	新規	保護者の世帯所得の状況等を勘案して，特定教育・保育施設等に対して保護者が支払うべき日用品，文房具その他の教育・保育に必要な物品の購入に要する費用又は行事への参加に要する費用等を助成する事業。
13	多様な主体が本制度へ参入することを促進するための事業	新規	特定教育・保育施設等への民間事業者の参入の促進に関する調査研究その他多様な事業者の能力を活用した特定教育・保育施設等の設置又は運営を促進するための事業。

出所）内閣府子ども・子育て支援新制度施行準備室　平成26年8月「子ども・子育て支援新制度について」より筆者作成。

模，施設・設備，開所日数・時間，その他基準などを踏まえた再編がされた。利用者支援事業は，新規事業であるため，利用者の円滑な利用が可能となるよう，基本型（利用者支援と地域連携をともに実施する形態）と特定型（利用者支援を主に実施する形態）の類型に分類された。このような新たな事業の取り組みにより，今後の地域における子ども・子育て支援が，その実情に応じた事業として充実することが目指されている。

3．今後の課題

これからの課題として，仕事と家庭の両立をめぐる課題がある。女性の社会進出が進むなか，女性の出産後の継続就業は依然として困難である。子育てを支える体制の重要性が認識される社会においても，いまだ，すべての子育て家庭について支援が十分な状況にあるとはいえない。また，子育て家庭世代，つまり若年層の低所得化による貧困世帯やそれに準じた世帯も多く，生活や子育てのためには，夫婦共働きでなくてはならない現状がある。

子育て支援の充実だけではなく，保護者と子育て家庭を支援するために，ワーク・ライフ・バランスの充実や職場環境の整備，雇用条件の整備が，子ども・子育て支援を今後具体的に進める上で，重要な課題のひとつとして，解決に向けた取り組みが必要である。

参考文献

井村圭壯・相澤譲治編著『児童家庭福祉分析論―理論と制度を基盤として』学文社，2012年
大豆生田啓友・太田光洋・森上史朗編『よくわかる子育て支援・家庭支援論』ミネルヴァ書房，2014年
小野澤昇・田中利則・大塚良一編著『子どもの生活を支える家庭支援論』ミネルヴァ書房，2013年
関口はつ江・太田光洋編著『実践としての保育学―現代に生きる子どものための保育』同文書院，2011年
無藤隆・矢藤誠慈郎・北野幸子『認定こども園の時代―子どもの未来のための新制度理解とこれからの戦略』ひかりのくに，2014年

第10章 保育所入所児童の家庭への支援

第1節 保育所に求められる子育て支援

1．保育所の役割

　保育所は「児童福祉法」に定められた児童福祉施設で，その施設数の多さからももっとも身近な社会福祉施設である。「保育所保育指針」では，保育所の特性を「保育に関する専門性を有する職員が，家庭との緊密な連携の下に，子どもの状況や発達過程を踏まえ，保育所における環境を通して，養護及び教育を一体的に行うこと」（第1章　総則2(2)）としている。また，保育の対象は，保育所に入所する子どもへの保育のみならず「地域の子育て家庭に対する支援等を行う役割」（第1章　総則2(3)）としている。

　つまり保育所とは，「保育に欠ける子ども」の保育だけではなく，保育士がこれまで培ってきた保育実践を活かして，入所児童の保護者ならびに地域のすべての子育て家庭に向けた子育て支援を担う施設であるといえる。

2．保護者への保育指導

　「児童福祉法」（第18条の4）では「保育士の名称を用いて，専門的知識及び技術をもって，児童の保育および児童の保護者」に対して「保育に関する指導」を行うことが記されている。

保育所入所児童の家庭への支援は，従来から保育所の担う機能のひとつであった。なぜなら，子どもの育ちに日々向き合う保育士は，保育実践のなかで，家庭と子どもの育ちは切り離せないものと感じていたからである。また，保育士の支援は子どもの育ちへの支援が中心的な役割であったといえる。結果として保育士は「子どものため」との立場から「○○してください」と保護者への一方的な要求になりがちであった。

　今日の社会の変化は，子育て環境をも大きく変化させてきた。身近に相談する知人や親戚もおらず，子育てが孤立しがちになってきている。インターネットの発達により，子育て情報は素早く大量に入手することができるようになった。しかしあふれる情報は，子育て中の親を追いつめ，何を信じて良いかわからなくさせる。特に保育所が入所対象とするのは，共働きや介護，出産などを理由とした「保育に欠ける」子どもとその家庭である。そうした背景を鑑みれば，「保育所保育指針」（第1章　総則2 (4)）に記される「子どもの保護者に対する保育に関する指導」は，保育士からの一方的な「指導」ではないと読み取ることができる。保護者への保育指導の第一歩は，「大丈夫」「頑張っていますね」と温かく保護者を受け止める保育士の姿勢であるといえる。

3．家庭との連携

　子どもが保護者から離れ，日中の多くの時間を過ごす保育所での生活は，子どもにとって居心地の良い生活の場であることが基本となる。保育所で健やかに育つわが子の姿によって，保護者は，安心して仕事などに向かうことができる。さらに「いってらっしゃい」「頑張っていますね」との保育士の支えによって，保護者は1人の生活者として，また親として成長していくことができる。したがって，これまで保育士が大切にしてきた子どもの育ちへの支援は，保護者支援としても機能しているといえる。日々子どもの傍らにいる保育士だからこそ，保護者とともに成長を喜びあい，「家庭との緊密な連携」（保育所保育指針　第1章　総則2 (2)）を可能とする。つまり先に述べた「保育指導」と

は，家庭と保育所との間にしっかりとした信頼関係があってこそ成り立つものであるといえる。

第2節　日々のコミュニケーション

1．保護者との信頼関係

　保護者支援で重要になるものは，保護者との信頼関係である。しかし，保育士と保護者の間には，最初から十分な信頼関係が形成されているわけではない。日々の小さな安心感や相互に気持ちを通い合わせる関係を積み重ねて，より確かな関係が築かれていくといえる。

　保育現場からは「保護者とトラブルなく子どもの様子を伝える保育のプロフェッショナル」からコツを学びたいとの要望がある。保育のなかで，保護者との関係性に苦慮している様子がうかがえる。しかし，そうした「プロフェッショナル」は存在するのだろうか。仮にそうした方法が存在するとしても，そのやり方がすべての保護者，保育者に対して有効な方法といえるのであろうか。

　信頼関係は「一日にしてならず」である。日々のコミュニケーションを通して，家庭とより良い関係性を築いていけるようにしていくことが大切である。

　また送迎時など，顔を合わせるわずかな時間であっても，保護者の状況をうかがい知ることは可能である。たとえば，迎えに来た保護者の表情や雰囲気，服装や身なりの変化，子どもへの関わり方など，毎日接する保育士だからこそ気づくことがある。そうした際には，子どもの様子と合わせて保護者の状況にも丁寧に気を配る必要がある。

　日常的に保護者が慌ただしく迎えに来る場合，保育士はケガやトラブルなど，保護者がネガティブに受け止める可能性の高い情報を優先的に伝えざるをえない。しかし，そうした状況が続けば，保護者は保育士と顔を合わせることを苦痛に感じるようになる。結果として，保育所に滞在する時間を少しでも短くしたいとの気持ちから，保育士の顔も見ずに急いで保育所を出ようとするか

もしれない。保育士は事実を伝えながらも，子どもの気持ちを代弁したり，大切な発達のひとつであることなどを伝えていくようにすることが重要である。子どもの「楽しく生活する姿」「素敵な一面」「友だちとのやりとり」などを保護者と共有しながら，保護者との信頼関係を築いていかなければならない。

２．保護者からの感謝の言葉

　では，実際に保育士は，どのような保護者支援を行うことができるのであろうか。以下の事例から考えてみる。

　進級も近づく年度末，途中入園で保育所に通い始めたＡちゃん（３歳）の母親から，担任の保育士（Ｍ先生）に手紙が渡された。手紙には，Ｍ先生とＡちゃんが素敵な笑顔で見つめ合っている写真が添えられていた。

　〔Ａちゃんの母親からの手紙〕
Ｍ先生へ
　大変お世話になりました。はじめはすごい泣きっぷりで，私も心が折れそうでしたが，Ｍ先生のことが大好きになり，園が楽しくなったこと，本当に感謝しています。知っている人もいなくて不安だった中，Ｍ先生が一番声をかけてくれ，優しくしてくれたのでしょうね。先生の書く連絡ノートも様子がとても良くわかり，私の楽しみでした。Ａちゃんの初めての先生がＭ先生で本当に良かったです。これからもお体に気をつけて，たくさんの子どもたちを笑顔にして下さい。本当にありがとうございました。

（１）　不安でいっぱいだった保護者１年目の母親

　母親がＭ先生に贈った手紙からは，慣れない保育所へ通い始め，不安で泣いていたＡちゃんの様子とともに母親自身も不安であったことが読み取れる。「知っている人もいなくて不安」だったのは，Ａちゃんだけではなく，初めて保育所に子どもを預ける母親も同様の心境であったのかもしれない。Ｍ先生と

の送迎時の会話や連絡ノートによって母親自身も園に受け入れてもらうことができたと安心できたのであろう。「はじめての先生がM先生で本当に良かった」と思うことができたのは、笑顔で園に通うようになったAちゃんの様子から母親自身が感じたことである。そして、この手紙を書こうと思った母親が、何よりもM先生に支えられていたと感じていたのかもしれない。

（2） 自信をなくし始めていた保育士1年目の先生

　保育士1年目のM先生は、保育所3歳未満児クラスの担当であった。入園当初、朝の登園時に泣いているAちゃんを不安そうに見ていた母親が、少しでも安心してもらえるようにと園での様子を丁寧に連絡ノートに記していた。夕方のお迎えの時間帯、M先生はAちゃんの保護者に限らず、とにかく多くの保護者と会話をするように心がけていた。しかし、上司や先輩のなかには「そんなに保護者と話している暇はない」と指摘する保育士もいたという。

　M先生は、保育士1年目のため保育実践も先輩たちのように要領を得ず、ピアノも得意ではなかったため、先輩たちから常に厳しい指導を受けていた。次第に「自分は保育士に向いていない……」と思うようになり、退職を考え始めていた。そんな思いで保育をしていたとき、担当クラスの保護者たちから感謝の言葉や手紙をもらうようになっていた。自信をなくしていたM先生であったが、保育士として少しでも役立てることがあったのだと実感することができるようになる。退職を考えていたM先生であったが、保護者からの言葉に支えられ、「もう少し頑張ってみよう」と保育士としての2年目を迎えることになった。

3．職員同士の人間関係

　さまざまな家庭や保護者と接してきたベテラン保育士は、保護者とのコミュニケーションの取り方が上手な人も多い。しかし、時として経験知は「○○な親」というような偏った視点で家庭をみる危険性をはらんでいる。それぞれの家庭にはおのおのの子育て観や子育て環境があるということを心にとめること

が大切である。そうであれば，経験の浅い新米保育士であっても，日々の関わり方次第で保護者との関係を築くことはできる。確かに子育て経験の有無によって，保護者から「子育て経験のない保育士」とみられることがあるかもしれない。しかし，先にあげたM先生の事例のように，新米保育士であっても日々のコミュニケーションによって，保護者への支援は可能といえる。

　一方，保護者との関係が良好にみえる場合であっても，保育士の発言や態度など，わずかな誤解から関係性が難しくなることもある。そのような場合，いつも傍でみている補助の保育士，副担任や主任，園長など，さまざまな職員と協力しながら，こじれた関係を修復する必要がある。つまり，保護者支援は，一人ひとりの保育士が保護者を受容しながら関係を築いていくことに加え，園として家庭を受けとめていく体制が必要であるといえる。そのためには，日頃から職員同士で情報を共有しながら，保護者から「この園の先生方なら安心」と思ってもらえるような関係を築いていく必要がある。

4．子どもの育ちに寄り添う保育士

　保育所での子どもの生活をみることができない保護者に，保育士はどのように様子を伝えることができるのだろうか。

（1）　親育ちの支援

　ある保育士は，乳児が保育所で初めて歩いたなどの成長の瞬間に立ち会えても，あえて保護者には伝えないという。園で歩き始めると当然，家庭でも歩く機会がみられるようになる。保護者とコミュニケーションをとっている保育士であれば，保護者から「家で初めて歩きました」との喜びの声は，いずれ聞くことができる。この保育士の思いは「保護者が育ちの瞬間に立ち会い，親としての自信を感じてもらいたい」ということであった。このように親が子育てに喜びを感じてこそ，保育士として子どもの成長をともに喜び合えるとのことであった。いいかえるならば，親の育ちへの支援ともいえる。

（2） 子どもの発達を伝える

　園での子どもの興味や遊ぶ様子を伝えることは，保護者が子どもの発達を知るうえで大切である。ある保育士が保護者との面談の際，「家でどのような遊びをしていますか」と問いかけた。すると保護者からは「遊んであげても，一緒に遊ぶことができないので」との答えが返ってきた。聞くと，ルールある遊びに取り組むには時期的に早いと思われる，3歳児に対して，トランプをしているとのことであった。母親は，子どもにくり返しルールを説明してもまったく理解してもらえず，遊びにならないと悩んでいる様子であった。面談を終えて保育室に入ってもらい，保育士の声かけによって簡単なパズルや積み木に集中しているわが子の姿をみてもらう。母親からは「うちの子も，こんなに遊ぶのですね」との声が聞かれた。以後，保育所ではこの保護者に遊びや子どもの興味などを丁寧に伝えるように心がけた。

　子どもの様子をどのように伝えるかは，保護者や家庭の状況にも配慮する必要がある。家庭の主体性を大切にしながら，一方的な単なる「報告」や「指摘」とならないように心がけることが重要である。

第3節　保護者にとって身近な保育所であるために

1．園行事やお便り

　保育所では，保育者と顔を合わせて，ゆったりと会話する機会の少ない保護者もいる。そうした家庭を含めて園が家庭とつながる方法として，連絡帳やお便りなどがある。園便りやクラス便りでは，行事のお知らせや保育所からのお願いだけではなく，子どもたちがイキイキと生活する姿を伝えることで，保護者もお便りを楽しみにするようになる。また，連絡帳は，保育所と家庭のコミュニケーションを可能にする。もしも保護者からの記入もなく，保育所側からの一方通行にみえるような連絡帳であったとしても，保育所が子どもをしっかり受け入れてくれているという安心感をもち，コミュニケーションのきっかけ

にもなりえる。

2．保護者の交流を促すこと

　運動会や保育参観などの親子行事は，子どもの育ちを共有する機会になる。子どもの成長をともに喜び合いながら，保育所を身近に感じてもらえる行事となるような配慮が必要である。また，保護者交流会を計画するといった子育て仲間づくりを促す取り組みも大切である。ここでの保護者同士の出会いが，子どもの就学後も支え合うネットワークとして続いていくかもしれない。

　しかし，そうした保護者が活動する場を設定する際には，それぞれの保護者の心身の状況にも配慮して，「できる人が」を合言葉にしながら，強制や過剰な負担とならないような配慮が必要である。

3．保育相談

　保育士は，毎日顔を合わせる身近な存在だからこそ，保護者から子育て相談をうける機会がある。クラス担任に聞いてもらいたいこともあれば主任や園長などが相談相手として求められる場合もある。また，家庭訪問などから深刻な状況がみえてきたり，電話で相談をうけるケースもある。保護者の良し悪しを保育士が判断するのではなく，まずは話を丁寧に聴くことから始める必要がある。

　保育所として，ゆったりとした雰囲気のなか，育児や家庭の相談ができるプライバシーの守られた空間，保育士が対応できる体制を整えることも大切といえる。また，相談で知りえた情報は，秘密保持の原則がある。職員同士で情報を共有し合う場合にも，秘密保持の原則をしっかりと心がけるようにしなければならない。

　しかし，1人の保育士が深刻な相談を抱え込むことが，適切とはいえない。また，虐待などにつながるケースであれば，一刻も早く適切な他機関につなげる必要がある。保育士同士が日頃から円滑なコミュニケーションを意識して，

互いに支え合う職場づくりを心がけることがなによりも大切である。

参考文献

浅井春夫・石川幸枝・樋口和恵編著『保育者と保護者がはぐくむ「対話のちから」Q＆A 55―モンスターペアレント論をこえて！―』かもがわ出版，2008 年

佐々木正美『子どもへのまなざし』福音館書店，1998 年

新澤誠治・今井和子『家庭との連携と子育て支援―カウンセリングマインドを生かして―』ミネルヴァ書房，2000 年

諏訪きぬ監修『保育における感情労働―保育者の専門性を考える視点として―』北大路書房，2011 年

全国保育問題研究協議会編『保育で育ちあう～子ども・父母・保育者のいい関係～』新読書社，2009 年

村上かつら作，百瀬ユカリ監修『新人保育者物語　さくら』小学館，2011 年

渡邊暢子編著『おとなに人気のふれあいあそび　保護者会・子育てひろば…おとなのためのアイスブレーキング集』ひとなる書房，2008 年

第11章 地域の子育て家庭への支援

　地域は子どもにとって身近な社会の場である。「地域」というまとまりは，もちろん今も存在しているが，支え合うなどの機能的な役割という意味における「地域」が近年大きく様変わりしてきた。本章では機能的な意味における「地域」の変化と，その機能を代替的に担うことが求められている「地域の子育て支援」について述べる。

第1節　地域における子育て支援の必要性

1．地域の子育て力の低下

　子どもが成長する過程において地域の果たす役割は大きい。しかし，地域のつながりが希薄化し，支え合い育ち合う地域としての子育て機能が危ぶまれている。

　その要因としてまず，少子化による子どもの数の減少があげられる。1人の女性が一生の間に出産すると考えられる子どもの数の平均値をあらわす，合計特殊出生率は，1949（昭和24）年の4.32人から2013（平成25）年には1.43人になった。過去最低の出生数であった，2005（平成17）年の1.26人からみると少しの上昇がみられるものの，依然低い出生率である。地域で同年齢，異年齢の子どもたちと遊ぶ経験は子どもの成長に大きな意義をもっている。しかし

現在は都市部においても地域による偏りが大きい。遊びのなかで以前までは経験できていた成功体験や葛藤体験も，遊びの場が少なくなっていることで経験不足となる傾向にある。

　次に，個人を尊重する考え方についてである。社会全体が個人の考えを重視する傾向となっている。一人ひとりを大切に，個人を尊重することは良い部分をもつ反面，人とのつきあいにおける距離感の取り方が難しくなってはいないだろうか。お互いを知らない親子が仲間をつくりながら子育てをしていくことも，簡単なようで難しい。たとえば，「親子で初めて地域の公園に行く」という友だちづきあいの始まりを「公園デビュー」という言葉で表現している。この言葉からも想像できるように，知らない人がたくさんいる場所に出かけることに負担感を感じる母親もいる。子ども同士は知り合いでなくても大抵において，関わりを自然にもつことができるが，母親は，グループに入ってコミュニケーションをとることを煩わしく，ストレスと感じることがある。人間関係の親密さをあまり求めず過ごしたいと願いながらも，母親は自然に子どもの人間関係に巻き込まれながら生活をしていくのである。

　さらに，核家族化がすすむなかでは，近くに頼れる親族がいないという家庭がある。子育てについて自分の親に相談したり，育児を手伝ってもらうといったサポートをうけることができないことに加え，夫からのサポートもうけられない家庭が多い。

　男性の働き方の見直しについては，2007（平成19）年には「仕事と生活の調和推進官民トップ会議」において「仕事と生活の調和（ワーク・ライフ・バランス）憲章」および「仕事と生活の調和推進のための行動指針」が策定された。しかし育児を大切に考えたいと思いつつも，働き盛りである父親の労働時間は長い傾向にあり，仕事が中心の生活となっている。

　このような現状から子育てに対する負担は母親に大きくかかる傾向にある。子育てがうまくいかない時「自分のせいである」と悩み「子どものことがわからない」という思いを抱えることが大きな育児ストレスにつながるケースも少

なくない。

　地域で見守り，地域みんなで子どもを育てていくといった視点は子どもとその家族が地域で安心して暮らしていくために重要であろう。

　地縁的なつながりの深かった時代から，新しい家族が移り住み新しい地域が形成されていく時代のなかでつながりは希薄化していったが，機能的な意味での「地域社会の再生」が今求められているのである。社会から孤立することなく，母親が安心して育児をしていけるように地域における「子育て支援」を考えていく必要がある。

2．在宅で子育てをする地域の保護者と子どもに対する子育て支援の必要性

　近年は仕事をもつ母親が増え，乳児期から保育所に入所する子どもが増加の傾向にある。しかし3歳未満児の子どものうち保育所などに入所している子どもは，全体の2割程度で，約8割の子どもは家庭での子育てが中心となっている。かつては両親ともに働きながら子育てをしていることに不安を感じる，という母親が多かったが，今はむしろ働いていない母親の方が子育てに自信をもちにくい傾向にある。

　「子育てのことでわからないと思うことがあるが，相談できる人はいない」「自分の子育てがこれで良いのかわからない」など，子育てに悩みを抱えながら在宅で子育てをする母親が，地域とのつながりをもてるような支援をする必要があるだろう。子育ての孤立化は不安感や負担感にもつながると考えられる。子どもの育ちという観点において多様な大人や子どもとの関わりが必要であり，それを保障するような支援が求められている。

第2節　地域の子育て支援における取り組み

1．地域子育て支援の歩み

　1990年頃より子育て家庭に対する支援が身近にないと感じる親同士が，お互いに支えあう関係性を求め，グループやサークルを自主的につくり始める動きが，全国に草の根的に広がりをみせるようになった。そのような流れのなか，1993（平成5）年には保育所地域子育てモデル事業が創設され，子育て支援拠点の拡充，整備がすすめられた。その後1995（平成7）年に地域子育て支援センター事業に名称を変更し，2002（平成14）年には，「つどいの広場事業」が新たに加わり，2007（平成19）年には全国で約900あまりの「ひろば」が子育ての拠点として活用されるようになった。

　2008（平成20）年には，地域子育て支援拠点事業に再編されるという経過をたどり，身近な場所で乳幼児のいる子育て中の親子が交流したり，育児の悩みを話し合えるような場をつくること，気軽に相談できる場所をつくることを目的とした。また事業の具体的な内容としては，①交流の場の提供・交流の促進，②子育てに関する相談援助，③地域の子育ての関連情報の提供，④子育て・子育て支援に関する講習などがあげられる。

2．地域子育て支援拠点事業（一般型）

　地域子育て支援拠点事業の事業開始から5年が経過した2013（平成25）年には，事業の実施形態の多様化を踏まえ，「ひろば型」「センター型」が「一般型」に，また「児童館型」が「連携型」に再編された。この再編では「利用者支援」「地域支援」を行う「地域機能強化型」を創設し地域を支援する機能の強化を目指している。

　本節では特に「一般型」の地域子育て支援拠点について述べる。

　「一般型地域子育て支援拠点」とは子育て家庭とその家庭の親とその子どもが気軽に集い，互いに話し合ったり交流を深める場を提供するものである。

実施の主体は主に市町村や社会福祉法人で，NPOや地域の大学などが運営を行っている場合もある。

「一般型地域子育て支援拠点」には必ず子育て親子の支援に関しての知識と経験を有する専任者の配置がされており，週に3日以上1日5時間以上の開設が定められている。

また，安心して親子が生活をともにする場として，親子の出会いや交流を大切にしながら安心して子育てできる環境づくりを目指している。交流のなかで他者の子育ての様子に触れたり他児との関わりを経験することは，親として自然と子育ての力をはぐくみ発揮できる土台を形成することにもつながっている。決まった時間に開設されており，気軽に立ち寄ることができる居場所として大きく変化する親の生活環境や不安感に寄り添いながら，地域と子育て家庭をつなぐ役割も担っているのである。

また，「一般型地域子育て支援拠点」の特徴のひとつとして専任者の設置があげられる。親子同士だけでは交流が難しい場合にも，初めは専任者がパイプとなり，交流がもてるようになってきたら保護者同士の関係を大切にするなどの配慮が可能だからである。交流をつなぐ存在としての役割が大きい。

3．ノンプログラム型子育て支援

子育て支援の内容をプログラム型子育て支援とノンプログラム型子育て支援に分類することができる。プログラム型支援とは文字通り予め設定したプログラムに基づくものであるのに対し，ノンプログラム型子育て支援は，「見守り型支援」ともよばれており，特にプログラムを設けることなく居場所としての機能を第一としている。ノンプログラムであるということにより，どの時間にも自由に，親子のペースに合わせての利用が可能である。

たとえば，「お昼寝から目覚めたら来て，帰ったら夕食を食べて寝る」など1日の生活のなかに施設の利用を取り入れることで，生活リズムの形成がしやすくなる場合もある。このように母親が必要なときに生活の一部として主体的

に活用できるのが特徴であろう。

　「家でハイハイの伝い歩きの練習をしても場所が狭いし，自分だけでなくわが子の成長を先生に見守ってもらい褒めてもらえるのが嬉しい」など専任者の存在も大きな支援となっていると考えられる。

　また，「この子と2人家にじっといると私もしんどくなってしまうので，雨が少々降っていても，足がこちらに向かってしまうのです」など子育てのストレスや孤立感の低減にも一定の役割を果たしているといえよう。「ひろば」は地域の垣根の低い親子の居場所としてその大きな役割を担っているのである。

第3節　父親への子育て支援

1．父親になるということへの支援

　子育ては女性が行うものという考え方から，子育ては「夫婦で行うもの」という考え方に近年大きく変化してきた。しかし実際には出産，育児において女性が担う部分が大きく，「どのようなことが父親としてできるのか」と男性が認識する過程においては，支援が必要であろう。

　たとえば全国各地において，母子手帳の交付と同時に父子手帳が配布されるようになってきた。その内容は，出産前の基礎知識や出産に必要な準備，分娩の流れ，手続きなどの事務的な事柄，そして生まれてからの家庭における赤ちゃんとの関わり方，子どもの小学校入学までの必要な情報，子どもとパパのお出かけ情報などと幅広い。出生の記録や写真，子どもへのメッセージを盛り込むページを設けるなど「育児を楽しむ」という観点も大切にされている。また，母親の体の変化やサポート，父親が育児に参加することの大切さ，夫婦で子育てすることの意味についてわかりやすく解説されている。これら冊子は育児書としてではなく男性が楽しく自発的に子育てに関わっていけるように支援することが目的となっている。

第11章　地域の子育て家庭への支援　101

2．イクメンプロジェクト

　厚生労働省は男性の子育て参加や育児休業取得の推進を目的とした「イクメンプロジェクト」を2010（平成22）年より始動した。

　「イクメン」とは，「子育てを楽しみ自分自身も成長する男性のこと」としている。

　約3割程度の男性が「育児休業を取得して子育てを行いたい」と希望している一方で，実際の育児休業の取得率は約2％程となっており，先進国のなかで日本の男性育児休業取得率は最低水準である。

　また，日本の男性の育児時間は1日平均30分と，決して十分とはいえない。男性の長時間労働の現状は，育児と仕事を同等に重視したいと考えても実際には仕事が優先となるという状態を招いているといえる。

　また，幼い子どもとの関わりの経験が乏しい父親も多く，わが子とどう向き合えば良いか悩むことも多い。たとえば「抱っこをするのが怖い」「一緒に遊べない」「叱り方がわからない」「可愛いと思えない」という点においては，母親と同様の悩みを抱えている場合がある。また，父親自身が遊びの経験に偏りをもっているケースも考えられるだろう。

　育児は女性が行うものという考えから「夫婦で協力し合って行うもの」という考え方に大きく変化してきた。父親が子育てに積極的に関わることの効果として，内閣府男女共同参画推進連携会議ポジティブ・アクション小委員会による「父親の育児支援事業の活動と効果について」のなかで，安藤哲也は[1]，①母親の育児ストレスの低減，②夫婦関係（パートナーシップ）の強まり，③子どもの成長，言葉や社会性が身につき子どものよきモデルとなる，④自活力がつく，⑤仕事で有効な能力もつく，⑥父親自身の世界の広がり，などのメリットがあると述べている。女性の社会進出や社会的な構造の変化，経済的な状況，ライフスタイルの変化などさまざまな要因が重なり，子どもを産み育てることは決して容易ではない。しかし父親自身が育児を楽しみ主体的に関わることはそのような問題の解決策としても大きく期待されている。

注

1）内閣府男女共同参画推進連携会議ポジティブ・アクション小委員会　安藤哲也「父親の育児支援事業の活動と効果について」2011 年

参考文献

厚生労働省「地域子育て支援拠点事業（概要）」2013 年
厚生労働省「つどいの広場事業の実施について」2002 年
厚生労働省「イクメンプロジェクト」2010 年
内閣府『平成 19 年版　国民生活白書』2007 年
内閣府仕事と生活の調和推進官民トップ会議『仕事と生活の調和（ワーク・ライフ・バランス）憲章』2007 年

第12章
要保護児童及びその家庭に対する支援

第1節　障がいのある子どもやその家族への支援の必要性の気付きと家庭支援

　要保護児童とは，障がい児，被虐待児，非行児など，何らかの支援や保護を必要としている状態にある子どもである。つまり，特別な配慮を必要としている子どもである。こうした特別な配慮を必要としている子どもの対象は，かつては孤児や遺児への支援・保護が中心であったが，近年では子どもと家庭を取り巻く環境は大きく変化しており，家庭内での複雑な虐待関係，子育て当事者である家庭への支援の必要性の増加，障害の多様化など要保護児童及びその家庭への支援の対象や内容も大きく変化してきている。また特別な配慮を必要とする子どもといっても，突き詰めればすべての子どもが何らかの特別な配慮を必要としているともいえ，その支援の対象は従来の児童福祉と比較して広がっている。

　ただそうした状況においても，子どもに何らかの障がいがある場合は，明らかに特別な配慮が必要である。そして，本章で後述するように制度に基づいて専門的な支援が実施されている。

　また障がいの多様化に伴い，比較的障がいが発見されやすかった従来の身体障がい，知的障がい，精神障がいに加えて，障がいを発見することが特に乳幼

児期において困難であるとされている発達障がいなども障がいに加えられており，今までは「やりにくい子ども」「気になる子ども」などと保育現場では考えられていた子どもであり，自閉症スペクトラムなどが含まれる。

　そうした障がいのある子どもをもつ家族は障がいのある子どもの養育や介護による身体的負担，経済的負担，精神的負担など多くの負担を感じていることが多い。特に子どもの障がいの告知を受けた時のストレスや心の葛藤は，経験したものでないと理解できないくらいのダメージがあるとされている。保育士はこうした障がいのある子どもをもつ家族の気持ちを十分に理解，配慮したうえで家族に寄り添う気持ちを忘れずに支援することが必要である。

　たとえば家族が子どもの障がいを十分に受容していない場合やまったく障がいを否定している場合もあるかもしれない。さらにはそのことに対して助言をした保健所，家庭児童相談室の専門職員を非難する場合もあるかもしれない。しかしそうした場合においても，家族の発言や気持ちを否定したり，非難するのではなく，障がいを受容できない気持ちや否定したくなる気持ちを理解し，受容的な態度で接していくことが肝要である。

　確かに時間はかかるかもしれないが，受容的な態度で接しながら，家族の気持ちに寄り添ってゆっくりとともに歩むことは必ず家族が障がいを理解したり受容することに効果があり，そのときに大きな信頼関係を築くことが可能となる。これは，子どもの障がいを苦労しながら受容するに至ることができた多くの保護者に共通する発言である。家族会では，保育士のこのような対応には現在でも感謝の言葉が溢れている。反対に客観的には正しい判断であったとしても，保育士と家族との間にずれや溝が生じやすく，保育士の子どもへの思いが先行しかねない。結果として障害の受容が遅れ，制度を利用しないままに小学校入学を迎えてしまうことになりかねないのである。

　しかし，保育士は発達に関する専門知識をもっている専門家であり，子どもと日常的に関わって多くの時間を共有する存在である。丸山は，「そのため子どもの発達の遅れや課題に早期に気付く立場にある保育士が，障がいのある子

どもや家庭にとって身近な専門家であり，その役目を果たす必要がある。したがって，保育士は障害のある子どもと家族への理解をしたうえで，家族への適切な援助が求められる」と指摘している。[1]

第2節　障がいの定義

1．障がい児

　障がい児とは2012（平成24）年に改正された児童福祉法第4条において「この法律で障害児とは，身体に障害のある児童，知的障害のある児童，精神に障害のある児童（発達障害者支援法第2条第2項に規定する発達障害児を含む）又は治療方法が確立されていない疾病その他の疾病であって障害者の日常生活及び社会生活を総合的に支援する法律第4条1項の政令で定める程度である児童をいう」と定義されている。具体的には身体障がい，知的障がい，精神障がい，発達障がい，一部難病などが該当する。

2．身体障がい

　身体障がいは「身体障害者福祉法」第4条に「『身体障害者』とは，別表に掲げる身体上の障害がある18歳以上の者であって，都道府県知事から身体障害者手帳の交付を受けたものをいう」と定義されている。別表に掲げる身体上の障害とは，視覚障害，聴覚障害又は平衡機能の障害，音声機能・言語機能又はそしゃく機能の障害，肢体不自由，心臓・じん臓又は呼吸器の機能の障害その他政令で定める障害で，永続し，かつ，日常生活が著しい制限を受ける程度であると認められるものである。

3．知的障がい

　知的障がいについては，「知的障害者福祉法」において定義はされていない。ただし，2005年（平成17年）に実施された「知的障害児（者）基礎調査」で

は,「『知的障害』とは,知的機能の障害が発達期（おおむね 18 歳まで）にあらわれ,日常生活に支障が生じているため,何らかの特別の援助を必要とする状態にあるもの」と定義している。

なお,知的障がいであるかどうかの判断基準は,次の(a)及び(b)のいずれにも該当するものを知的障がいとしている。

(a)「知的機能の障がい」について

標準化された知能検査（ウェクスラーによるもの,ビネーによるものなど）によって測定された結果,知能指数がおおむね70までのもの。

(b)「日常生活能力」について

日常生活能力（自立機能,運動機能,意思交換,探索操作,移動,生活文化,職業など）の到達水準が総合的に同年齢の日常生活能力水準に照らし合わせたものにより判断したもの。

4. 精神障がい

精神障がいは,「精神保健及び精神障害者福祉に関する法律」第5条に,「『精神障害者』とは,統合失調症,精神作用物質による急性中毒又はその依存症,知的障害,精神病質その他の精神疾患を有する者をいう」と規定されている。また精神保健福祉手帳では,知的障がい者は含まれない。

5. 発達障がい

発達障がいは,「発達障害者支援法」第2条に,「『発達障害』とは,自閉症,アスペルガー症候群その他の広汎性発達障害,学習障害,注意欠陥多動性障害その他これに類する脳機能の障害であってその症状が通常低年齢において発現するものとして政令で定めるものをいう」と規定されている。また「発達障害児」を発達障害者のうち18歳未満のものとし,子どもと成人とを区別している。

第3節　障害児施策の概要

1．児童福祉法における施設サービス体系（図12-1参照）

　障がい児施設は、「児童福祉法」の一部改正に伴い2012（平成24）年から障がい児を対象とする入所施設は、「障害児入所施設」に一元化された。「児童福祉法」第42条に「『障害児入所施設』は、障害児を入所させて、当該各号に定める支援を行うことを目的とする施設」であると規定されている。

　また障害児通所施設は「児童発達支援センター」に一元化された。「児童福

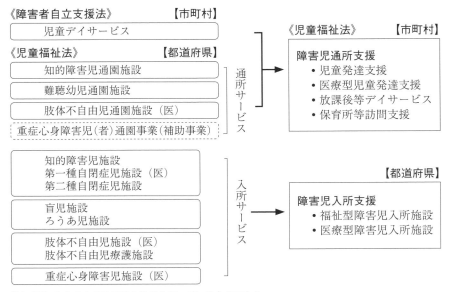

図12-1　障害児施設・事業の一元化

出所）厚生労働統計協会編『国民の福祉と介護の動向　2014／2015』厚生労働統計協会，2014年，p.134

祉法」第43条に「『児童発達支援センター』は，障がい児を日々保護者の下から通わせて，当該各号に定める支援を提供することを目的とする施設」であると規定されている。

　障害児入所施設，児童発達支援センターともに福祉型と医療型とがあり，それぞれ目的・役割や対象が異なっている。また障害児通所支援には，放課後等デイサービスや保育所等訪問支援事業などもある。

2．障害児通所支援（図12-1参照）
(1) 放課後等デイサービス

　放課後等デイサービスとは，2012（平成24）年の「児童福祉法」の一部改正によって新しく創設された，障害児通所支援事業のひとつである。対象は学校教育法に規定する学校（幼稚園，大学を除く）に就学している障害児であり，学校授業終了後または休業日において，生活能力の向上のために必要な訓練，社会との交流の促進，放課後等の居場所づくりを目的とする。

(2) 保育所等訪問支援

　保育所等訪問とは，2012（平成24）年の「児童福祉法」の一部改正によって新しく創設された，障害児通所支援事業のひとつである。対象は保育所等を現在利用中の障がい児，または今後利用する予定の障がい児であり，保育所等における集団生活の適応のための専門的な支援を必要とする場合に，「保育所等訪問支援」を提供することにより，保育所等の安定した利用を促進することを目的とする。

3．障がいの予防・早期発見・早期療育

　障がいが妊娠中または出産時の原因による場合，母子保健の向上により多くの障がいの予防が可能になるとされている。「母子保健法」に基づいた妊産婦及び乳幼児健康診査，また，乳幼児健康診査，1歳6カ月児健康診査，3歳児健康診査，先天性代謝異常等検査などにより疾病や障害の早期発見を可能に

し，その後の早期療育や支援につなげていくという重要な役割を果たしている。

4．経済的支援
（1） 特別児童扶養手当
　特別児童扶養手当は，20歳未満の在宅の中度以上の心身障害児を家庭で養育している保護者に対し，手当が支給される制度である。支給額は2014（平成26）年4月1日現在，1級（重度）が月額4万9,900円，2級（中度）が月額3万3,230円である。ただし，所得制限がある。

（2） 障害児福祉手当
　20歳未満の在宅の重度心身障害児で日常生活活動が著しく制限され介護を要する状態の人に対し，手当が支給される制度である。支給額は2014（平成26）年4月1日現在，月額1万4,140円である。ただし障害厚生年金等定められた年金を受給している人や福祉施設に入所中の人は除外される。また所得制限もある。

（3） 自立支援医療費（育成医療）
　自立支援医療費（育成医療）は，18歳未満の身体障害児で，指定された医療機関において，身体に障がいのある児童または現存する疾病を放置すれば将来障害を残すと認められる子どもの障がいに対する確実な治療効果が期待できる治療のために要する医療費の一部を助成する制度である。本人負担額は加入している保険（生活保護は除く）の種類に関係なく，原則医療費の10％になる。

　以上，第3節では障害児施策の概要に関して説明してきた。「障害者自立支援法」から「障害者総合支援法」に法律が改正され，障がいのある子どもを対象にした制度も都道府県から市町村を中心に実施されるようになりつつあり，障がいのある子どもとその家族にとって利用しやすくなってきている部分はあるだろう。

　ただ第1節でも述べたように，障がいのある子ども本人と家族は物的・精神

的負担を抱えているとされている。そうした精神的ストレスを軽減するためにも，気軽に相談できる窓口，専門機関の設置が必要不可欠であるが，現状では次第に整備されてきてはいるものの，まだまだ家族は不十分な状況であると感じているようである。また制度についても改正が相次ぎ，家族に必要な情報が十分に伝わっていないことも多い。せめて家族としても自分の子どもや自分たちに直接関係することだけでも，しっかりと把握できるようになることが望まれる。

　最近では保育士も簡単にソーシャルワークを行うべきということを耳にすることが多くなったが，十分な保育士の配置もなく，子どもの保育を行うだけでも多忙な状況のなか，保育士にできることには限界もある。しかし，どこに行けば，障がいのある子ども本人や家族にとって必要な情報が得られるかということだけでも伝えることは可能であり，そうした少しのことが家族支援につながるのである。各市町村の発行している「障害福祉のしおり」を一読するだけでもかなりの家族支援の知識になる。

注
1）丸山アヤ子「要保護児童およびその家庭に対する支援　発達障害を持つ子ども家庭の理解と対応，援助」溝口元・寺田清美編『家庭支援論』アイ・ケイ・コーポレーション，2011年，pp.104-105

参考文献
井村圭壯・相澤譲治編著『児童家庭福祉の理論と制度』勁草書房，2011年
井村圭壯・相澤譲治編著『保育と社会的養護』学文社，2014年
大津泰子『児童家庭福祉』ミネルヴァ書房，2013年
小田豊・日浦直美・中橋美穂編著『家族援助論』北大路書房，2005年
西尾祐吾・小崎恭弘編著『子ども家庭福祉論』晃洋書房，2014年

第13章 子育て支援における関係機関との連携

第1節　関係機関との連携の必要性

　保育士の業務としては，子どもの保育を行うことがまずあげられるが，保育士の業務はそれだけでなく，保護者からの相談に応じることも近年では重要な業務となってきている。そうした相談に対しては保育所で保育士によって解決をまず図る。しかし，子どもや保護者を取り巻く現在の問題は複雑化，広範化してきており，保育所などだけでは十分に相談援助を行ない場合も多い。そのため子どもや保護者のニーズに応じた援助を実施していくためには，専門機関や施設と連携を行っていく必要がある。

　「保育所保育指針」第3章に，保育士は「保護者との信頼関係を築きながら保育を進めるとともに，保護者からの相談に応じ，保護者への支援に努めていくこと」と規定されている。また第6章にも，「保護者に対する支援」の項目があり，保護者に対する子育てなどに関する相談や助言に関する規定がされている。

　児童相談所などとの連携の必要性についても「保育所保育指針」第1章「総則」，第4章「保育の計画及び評価」，第5章「健康及び安全」や「児童福祉施設の設備及び運営に関する基準」などにおいて規定されている。

　これらのことから保育所は子どもの保育や保育者からの相談に応じるととも

に，必要に応じて関係機関，施設などとの連携を積極的に図っていくことが欠かせない。連携をしていくべき関係機関や施設としては，児童相談所，福祉事務所，乳児院，学童保育などがあげられる。ただ専門機関，施設にもそれぞれ機能・役割と限界があり，連携を進めていくためには，それぞれの所在地や機能・役割，連携方法などを熟知しておくことが必要となる。

通常は保育所内で子どもの支援や保護者に対する相談支援に関する検討を行った後，児童相談所と連絡をとり，相談援助やサービスを調整するための検討会議などを開催し，援助に関する共通理解や援助方針，役割分担を確認，依頼することとなる。しかし実際に連携して援助を進めていくことは大変である。

このため連携が必要となってから連絡や連携を図るのではなく，普段から定期的に連絡や情報交換を行っておくことで，連携が必要となるケースが起こった時に早急に連携体制が動き出せる。また巡回相談等を活用するなど，保育・療育に相談機関の専門職員に参加してもらうなどの工夫をすることも有効である。

第2節　相談援助に関係する関係機関

1．児童相談所

児童相談所は「児童福祉法」第12条に基づいて設置された児童福祉の中核的な専門行政機関であり，都道府県，政令指定都市には設置が義務付けられている。2004（平成16）年12月の「児童福祉法」改正により，2006（平成18）年4月からは中核市など政令で定める市においても児童相談所が設置できることになり，横須賀市，金沢市，熊本市で設置されている。2013（平成25）年4月現在，全国に207カ所（一時保護所130カ所）の児童相談所が設置されている。

児童相談所には，児童福祉司，受付相談員，児童心理司，心理療法担当職員，医師（精神科医，小児科医），児童指導員，保育士，保健師などの専門職員が配置されている。児童相談所の規模は，人口150万人以上の地方公共団体の

中央児童相談所はA級，150万人以下の中央児童相談所はB級，その他の児童相談所はC級を標準としており，専門職員の配置基準も異なっている。

児童相談所の子どもの福祉に関する業務は，主として次のとおりである。
① 子どもに関する家庭その他からの相談のうち，専門的な知識および技術を必要とするものに応じること。
② 子どもおよびその家庭につき，必要な調査ならびに医学的，心理学的，教育学的，社会学的および精神保健上の判定を行うこと。
③ 子どもおよびその保護者につき，調査または判定に基づいて必要な指導を行うこと。
④ 子どもの一時保護を行うこと。一時保護の期間は原則として2カ月以内である。
⑤ 市町村に対する情報の提供その他必要な助言を行うこと。

保育所では，登園時や保育活動中などあらゆる機会に児童虐待の早期発見が可能であるため，要保護児童の通告が早期に図られるよう体制を整えておくことが必要である。児童相談所は，保育所から通告または相談を受けた場合は，児童相談所の機能や業務の流れについて十分説明を行うとともに，児童相談所，保育所それぞれの役割分担を明確にし，しっかりとした連携体制をとることが大切である。

2．福祉事務所

福祉事務所は「社会福祉法」第14条に基づいて設置された，福祉六法（「生活保護法」「児童福祉法」「身体障害者福祉法」「知的障害者福祉法」「老人福祉法」「母子及び父子並びに寡婦福祉法」）関係の業務を行う社会福祉行政の第一線の現業機関である。都道府県と政令指定都市，市，特別区には設置義務があり，町村は任意設置となっている。

2014（平成26）年4月現在，全国に1,247カ所設置されている。

福祉事務所には，福祉事務所長と事務職員，査察指導員，現業員，社会福祉

主事，身体障害者福祉司，知的障害者福祉司などの専門職が配置されている。査察指導員は福祉事務所に配置される指導監督を行う職員で，福祉事務所長の指揮監督を受けて，現業業務を行う現業員（ケースワーカー）の指揮監督を行うことを職務としている。

福祉事務所の児童福祉法に規定される主な業務は次のとおりである。
① 児童・妊産婦の福祉に関する実情把握を行う。
② 同様の対象者に対する相談・調査及び必要な個別的・集団的指導を行う。

第3節　相談援助に関係する関係施設，その他

1．乳児院

乳児院は「児童福祉法」第37条に基づいて設置されており，2012（平成24）年10月現在全国に，130カ所設置されている。入所数は2,886人である。

入所対象は2004（平成16）年の「児童福祉法」の改正により，年齢制限の見直しがなされ，保健上，安定した生活環境の確保などの理由により，特に必要な場合には就学前までの幼児も入所できるようになった。改正は，乳児院の在所期間の半数が6カ月未満と短期であるが，長期在籍となる3歳以上の子どものほとんどは重い障害のある子どもや兄弟が同じ施設にいるなど保育看護の必要な子どもであることが背景にある。

乳児院（乳幼児10人未満を入所させる乳児院を除く）には，小児科の診療に相当の経験を有する医師または嘱託医，看護師，保育士，児童指導員，家庭支援専門相談員，栄養士及び調理員が配置されている。

乳児院の主な役割は次のとおりである。
① 乳幼児を入院させて，これを養育し，あわせて退院した者について相談その他の援助を行う。
② 地域の住民に対して，児童の養育に関する相談に応じ，助言を行うよう努める。

2．学童保育（放課後児童健全育成事業）

　学童保育は「児童福祉法」第6条に基づいて設置されており，実施主体は市町村，社会福祉法人，父母会，運営委員会，その他の者である。設置主体としては公立公営，地域運営委員会，社会福祉協議会，保護者が設立したNPO法人などがある。

　学童保育数は2013（平成25）年5月現在，全国に2万1,635カ所設置されており，入所児童数は88万8,753人である。施設数，入所児童数ともに年々増加しており，10年前と比較すると，施設数は7,838カ所増加の1.6倍，入所児童数は35万人増加の1.6倍となっている。

　設置場所は学校施設内がもっとも多く，1万1,434カ所と全体の52.8％を占めている。次いで児童館内が2,718カ所（12.6％），学童保育専用施設が1,730カ所（8.0％）となっている。

　全国の学童保育には約9万2,000人の指導員がおり，約70％の指導員が保育士または教諭などの資格を有している。

　対象となる児童は，以前は小学校に就学しているおおむね10歳未満の児童であって，その保護者が労働などにより昼間家庭にいないものであったが，2012（平成24）年8月の児童福祉法改正により，2015（平成27）年4月からは対象児童が6年生までの「小学生」に引き上げられた。

　実施事業は次のとおりである。
① 放課後児童の健康管理，安全確保，情緒の安定
② 遊びの活動への意欲と態度の形成
③ 遊びを通しての自主性，社会性，創造性を培うこと
④ 放課後児童の遊びの活動状況の把握と家庭への連絡
⑤ 家庭や地域での遊びの環境づくりへの支援
⑥ その他放課後児童の健全育成上必要な活動

3．地域子育て支援拠点事業

　2008（平成20）年の「児童福祉法」改正により，地域子育て支援拠点事業が

法定化された。子育てが孤立化し，子育ての不安感，子どもの多様な大人・子どもとの関わりが減少する状況のなかで，子育て中の親子が気軽に集い，相互交流や子育ての不安・悩みを相談できる場所を提供することを目的としている。

　地域子育て支援拠点事業は、「ひろば型」、「センター型」、「児童館型」の3種類であったが、2013（平成25）年からは、従来の「ひろば型」・「センター型」を「一般型」に再編職員配置や活動内容に応じた支援の仕組みとする。また「児童館型」は「連携型」として実施対象施設の見直しを行った。同時に「利用者支援」・「地域支援」を行う「地域機能強化型」を創設し、機能の強化を図っている。また2013（平成24）年度の事業実施箇所数は、全国でひろば型は2,266カ所，センター型は3,302カ所，児童館型は400カ所で合計5,968カ所である。

　地域子育て支援拠点事業の事業内容は次の4点である。
① 交流の場の提供・交流促進
② 子育てに関する相談・援助
③ 地域の子育て関連情報提供
④ 子育て・子育て支援に関する講習等

　これらの事業を通じて、公共施設や保育所、児童館などの地域の身近な場所で、乳幼児のいる子育て中の親子の交流や育児相談、情報提供などを実施，NPOなど多様な主体の参画による地域の支え合い、子育て中の当事者による支え合いにより、地域の子育て力を向上することを目指している。

参考文献
相澤譲治監修『ソーシャルワークの基盤と専門職』みらい，2010年
相澤譲治・井村圭壯編著『社会福祉の相談援助』久美出版，2012年
相澤譲治・井村圭壯・安田誠人編著『児童家庭福祉の相談援助』建帛社，2014年
柏女霊峰・橋本真紀編著『保育相談支援』ミネルヴァ書房，2012年
厚生労働省『保育所保育指針解説書』ひかりのくに，2008年
全国学童保育連絡協議会『2013年　学童保育の実施状況調査結果』全国学童保育連絡協議会，2013年

第14章 子育て支援サービスの課題

第1節　地域における子育て支援のための社会資源

　現在も核家族化や各家族の地域とのつながりの希薄化が進むなかで，子育ての孤立化を防ぐためにも地域子育て支援が今後ますます求められている。子育てをすることが孤立化していくなかで，どのように子育てをすればよいのかという不安感や焦燥感を親にもたらす。

　「地域子育て支援拠点」というのは，「親同士の出会いと交流の場であり，子どもたちが自由に遊び関わり合う場でもある。親は親で支えあい，子どもは子どもで育みあい，地域の人たちが親子を温かく見守ることが，子育ち・子育てにおいては必要不可欠な経験となる。すなわち，地域子育て支援拠点は，親子・家庭・地域社会の交わりをつくりだす場[1]」なのである。

　では，地域の子育て支援は，特に，子育てに不安感や焦燥感をもつ親たちに対してどのような社会資源でもってサポートすることができるのであろうか。そもそも，地域における子育てをするための社会資源にはどのようなものがあるのだろうか。子育てを全面的にサポートできる保育所や認定子ども園自体も，地域に開かれた社会資源のひとつであるということはいうまでもない。

　だが，保育所や認定子ども園などが担うことのできる地域子育て支援活動には制限がある。保育所や認定子ども園などが連携している社会資源としては，

児童相談所，福祉事務所，教育委員会，市町村保健センター，総合福祉センター，市町村保育担当部局などをあげることができる。地域子育て支援活動として，虐待の問題，いじめや不登校の問題などを解消していくためにも，上記の児童相談所，教育委員会などの専門機関だけでなく，地域全体の幅広い子育て支援の場としての社会資源を積極的に活用することが求められている。ただ，基本的には，地域子育て支援拠点事業は，保育所や認定子ども園に通っていない子どもの家庭などを対象としているが，実際には，その保育所や認定子ども園に通っている子どもの家庭が関わっている場合も少なくない。

　子育て支援サービスには，たとえば，京都府の例では，地域子育て支援拠点だけでなく，保育所や認定子ども園などに置かれている子育てや教育相談ができる子育てサポートセンター，保育所までの送り迎えや冠婚葬祭などのときに子どもを預けることのできるファミリー・サポート・センター，日中，親が仕事に出ている放課後から夕刻までの時間に保育所，学校などの空き部屋・空き教室などを利用した放課後児童クラブなどがある。[2]

第2節　地域における子育て支援拠点事業の課題

　本節では，子育て支援サービスのなかでも，保育所や認定子ども園などに併設され，総合的な子育て支援を実現でき，地域の子育て支援に関する資源を積極的に活用することができる地域子育て支援拠点事業についてみてみよう。

　厚生労働省は，平成19年度から，地域子育て支援拠点事業を展開している。[3] その支援拠点事業は，「ひろば型」「センター型」「児童館型」に再編され，全国に1万カ所を目指し，親子が身近に集い，交流する場所の拡充をしている。これら3つの支援拠点事業を中心に，それぞれの子育て支援サービスについての課題を考えてみたい。

　まず，ひろば型では，常設のひろばを開設し，子育て家庭の親とその子どもが気軽に集い，打ち解けた雰囲気のなかで語り合い，相互に交流を図る場を提

供します。また，出張ひろばや地域の子育て力を高める取り組み（学生ボランティア，世代間交流，父親の子育て支援など）を実施しますとある（厚生労働省「地域子育て支援拠点事業　実施のご案内」より）[3]。

　地域の子育て力を高めるために，学生ボランティアなどの参加をよびかけることは家庭支援にとってとても意義のあることではある。しかし，学生は，学期間における自らの勉学などに取り組まなければならず，試験期間など，期間によっては学生たちをあてにすることができない。その意味では学生ボランティアの存在は，イレギュラーな存在であり，学生たちにローテーションなどを組んでもらい，定期的に参加できる仕組みをつくっていくことも必要であろう。

　次にセンター型では，地域の子育て支援情報の収集・提供に努め，子育て全般に関する専門的な支援を行う拠点として機能するとともに，既存のネットワークや子育て支援活動を行う団体などと連携しながら，地域に出向いた地域支援活動を実施しますとある（厚生労働省「地域子育て支援拠点事業　実施のご案内」より）[3]。

　地域での特徴的な子育ての仕方を検討するとともに，他の地域から移住してきた人たちに対する地域における子育て支援を考えておく必要がある。なぜならば，地域がその地域の特異性に固執するあまり，本来，子育てにとって必要不可欠な文化的交流というものが，閉鎖的・排他的なものになってしまう危険性があるからである。

　最後に，児童館型の課題について考えてみると，民営の児童館，児童センターにおいて，学齢期の子どもが来館する前の時間などを利用して，親と子の交流，つどいの場を設けるとともに，子育て中の親などの当事者をスタッフに交えて，身近で利用しやすい地域交流活動を実施しますとある（厚生労働省「地域子育て支援拠点事業　実施のご案内」より）[3]。子育て中の親などをスタッフとする場合に，子育て技術の向上など，やはり，一定の研修の場を積極的に設けていく必要がある。そうすることで，児童館の運営などの事業者としての視点と，

子どもの親という当事者としての視点からの積極的な意見交換を行うことができる。そして，その反省を踏まえて，児童館をよりよいものにしようとする事業従事者としての自覚を深めていくことが大切である。

第3節　今後の子育て支援，家庭支援の課題と展望

　家庭支援にとって大切なことは，支援者が自分の役割を自覚し，その役割によって担う事柄を常に自らの課題としていくということである。支援者に求められている役割で重要なのは，子どもやその家族に対して最大限の理解を示し，問題の解決に向けて行動できることなのである。支援者が率先して，日常生活での身近な相談者，また，子どもにとっての遊び相手になり，地域の人びととの関係性を高めていくということにより，その地域での家庭支援に対する充実度も異なってくるであろう。

　では，支援者は，子育て家庭支援の具体的な課題としてどのような役割を積極的に担っていけばよいのかをみてみる。地域子育て支援拠点事業における活動の指標「ガイドライン」を参考に，次の支援者の役割についての項目に着目して，支援者の家庭支援についての課題と展望を考えてみたい。

　まず，支援者が子どもとその家族とを温かく迎え入れるということである。このことは，当たり前のようであるが，本当に心から歓迎してお世話をするということは，その支援者の家庭支援に対する強い決意というものも必要である。

　支援者がいつも身近な相談相手であることが重要である。相談された場合，やはり，自らの経験知から解決策を見いだそうとするかもしれないが，そうではなく，うなずきながら話を傾聴するという姿勢も必要なのである。しかし，本当に援助を必要としている人たちの話に耳を傾ける（傾聴する）ためには，一定の講習や研修が支援者に必要である。これらにかかる費用を自治体などが負担できるならば，よりよい支援が実現できるであろう。さらに，支援者が，

利用者同士をつないでいくということが大切である。ややもすると，利用者が孤立してしまう傾向がある。利用者同士が気楽に話し合える場を提供するだけでなく，人と人とを積極的につなぐ努力をする姿勢を支援者が常にもたなければならない。利用者と地域をつなぐとともに，積極的に地域に出向くことで，支援者は，地域に暮らす人びとが1人でも多く子どもたちの成長を見守ろうとする姿勢を持ち続けることができる支援づくり，支援サービスの充実を図る必要がある。

　上記のことからもわかるように，これからますます，地方自治体や国だけでなく，NPO法人や民間の事業者などによる子育てサークルの充実・発展と，ボランティア団体との協力強化によって，よりよい子育て支援サービスの実現を目指していかなければならない時代となる。子育て支援新制度の導入によって，認定子ども園の普及や待機児童の解消，子育て支援の充実などを図ることにより，支援者は，現時点でどのような家庭支援が必要なのかを個々のケースに応じた対応と，その事柄が地域の子育て支援においてどのような意味をもつのかを常に子育てサークルやボランティア団体のなかで話し合い，意見交換する機会が増えるであろう。そのとき，わたしたちは，意見交換した具体的な事柄を地方自治体に提言していく姿勢を持ち続け，公私両施設を問わず，子育てサークルの場を，よりよい子育て支援，家庭支援の場所になるように，協力してつくっていかなければならないのである。

注

1）こども未来財団「地域子育て支援拠点事業における活動の指標『ガイドライン』普及版」2010年，p.3
2）子育て支援サービス「子育て支援情報未来っ子ひろば／京都府」
　http://www.pref.kyoto.jp/kosodate/1331182712337.html
　（参照日：2014年8月1日）
3）厚生労働省「地域子育て支援拠点事業　実施のご案内」
　http://www.mhlw.go.jp/bunya/kodomo/pdf/gaido.pdf
　（参照日：2014年8月1日）

参考文献

金子恵美『保育所における家庭支援』全国社会福祉協議会，2010 年
上田衛編『保育と家庭支援』みらい，2013 年
草野いづみ編著『みんなで考える　家族・家庭支援論』同文書院，2013 年
新保育士養成講座編纂委員会編『家庭支援論』全国社会福祉協議会，2011 年
吉田眞理『児童の福祉を支える家庭支援論』萌文書林，2011 年
井村圭壯・相澤譲治編著『保育と社会的養護』学文社，2014 年

索 引

あ 行

アンペイドワーク……………………49
育児休業………………………………50
育児ストレス…………………………37
イクメンプロジェクト……………101
一時預かり………………………20, 79
一般型地域子育て支援拠点…………99
一般社団法人ドゥーラ協会…………60
インフォーマルな社会資源…………56
ウェルビーイング……………………13
NPO……………………………………38
NPOなどの子育て支援団体…………42
エンゼルプラン………………………10
延長保育…………………………20, 78
オグバーン，W.F.………………………5
親子関係………………………………29

か 行

介護保険法……………………………27
核家族……………………………………2
核家族化………………………………37
拡大家族…………………………………2
学童保育（放課後児童健全育成事業）
………………………………………115
家族機能縮小説…………………………5
家族支援政策…………………………11
家族制度………………………………28
家族の機能………………………………4
家族の形態………………………………2
家族の定義………………………………1
家庭支援…………………………12, 15
家庭的保育（保育ママ）…62, 64, 80

家庭との連携…………………………86
休日保育…………………………20, 79
教育的機能………………………………5
きょうだい関係………………………30
居宅訪問型保育…………………64, 81
緊急保育対策等5か年事業…………68
近隣関係…………………………35, 40
国や地方公共団体の役割……………52
ケアワーク……………………………13
経済的機能………………………………4
経済的支援…………………………109
現業員………………………………113
後期高齢者……………………………27
合計特殊出生率………………………95
国勢調査…………………………………2
国立社会保障・人口問題研究所……32
子育て家族支援施策…………………55
子育てサークル………………………58
子育てサロン…………………………42
子育て支援サービス…………………75
子育て支援事業………………………75
子育て短期支援事業…………………75
子育ての密室化………………………37
後藤澄江………………………………32
子ども会………………………………42
子ども虐待………………………………8
子ども・子育て応援プラン…………71
子ども・子育て関連3法…………10, 73
子ども・子育て支援新制度……63, 79
子ども・子育て支援法………………73
子ども・子育て新システム…………20
子ども・子育てビジョン…10, 57, 73
子どもの最善の利益…………………18

子どもの未来21プラン研究会 …… 55
孤立化 …………………………………… 35

さ 行

査察指導員 ………………………… 113
産業構造の変化 ……………………… 7
事業所内保育 ……………………… 64, 81
自己決定 ……………………………… 19
仕事と生活の調和（ワーク・ライフ・
　バランス）憲章 ……………… 46, 96
仕事と生活の調和推進のための行動指
　針 …………………………………… 96
仕事と生活の調和推進官民トップ会議
　……………………………………… 96
次世代育成支援対策推進法 ………… 10
施設サービス ……………………… 107
自治会 ………………………………… 59
市町村保健センター ………………… 61
児童委員 ……………………………… 59
児童家庭支援センター ……………… 61
児童家庭福祉 ………………………… 10
児童心理司 ………………………… 112
児童相談所 ……………………… 61, 112
児童デイサービス …………………… 62
児童発達支援センター …………… 107
児童福祉司 ………………………… 112
児童福祉法 ……………………… 11, 75
児童養護施設 ………………………… 61
自閉症スペクトラム ……………… 104
社会資源 ……………………………… 56
社会的排除 …………………………… 8
社会的養護 …………………………… 12
社会への貢献 ………………………… 41
出生家族 ……………………………… 28
出生数 ………………………………… 25
出生数低下 …………………………… 25
主任児童委員 ………………………… 59

寿命の伸長 ……………………… 25, 27
障害児 ……………………………… 105
障害児通所支援 …………………… 108
障害児入所施設 …………………… 107
障害児福祉手当 …………………… 109
小規模型保育 ………………………… 80
小規模保育 ……………………… 62, 64
少子化 …………………………… 36, 67
少子化傾向 …………………………… 25
少子化社会対策大綱 ………………… 71
少子化対策推進基本方針 ……… 68, 69
少子化対策プラスワン ……………… 70
少子高齢化 …………………………… 25
職員同士の人間関係 ………………… 89
自立支援医療費（育成医療） …… 109
新エンゼルプラン ……………… 10, 69
新待機児童ゼロ作戦 ………………… 72
身体障害 …………………………… 105
身体障害者福祉法 ………………… 105
心理相談室 …………………………… 60
スティグマ …………………………… 9
ステップファミリー ………………… 2
生活の拠点 …………………………… 35
生殖家族 ……………………………… 2
生殖的機能 …………………………… 5
精神障害 …………………………… 106
精神保健及び精神障害者福祉に関する
　法律 ……………………………… 106
性的機能 ……………………………… 4
性別役割分業 …………………… 47, 48
性別役割分業意識 …………………… 47
世帯 …………………………………… 2
前期高齢者 …………………………… 27
全国保育士会倫理綱領 ………… 16, 22
専門的知識・技術 …………………… 16
創造家族 ……………………………… 28
相対的貧困率 ………………………… 76

相談援助………………………………112
ソーシャルワーク………………………13
祖父母との関係…………………………31

た 行

待機児童…………………………………77
待機児童ゼロ作戦………………………70
多問題家族………………………………9
男女共同参画社会………………………45
男女共同参画社会基本法………………45
地域型保育………………………………63
地域型保育事業…………………………80
地域子育て支援拠点事業… 10, 98, 115
地域子育て支援拠点事業及び一時預か
　り事業…………………………………75
地域子育て支援センター………………62
地域子育て支援センター事業…………98
地域子ども・子育て支援事業…………81
地域社会…………………………………35
地域住民…………………………………41
地域における子育て支援………………95
地域のつながり…………………………38
知的障害…………………………………105
知的障害者福祉法………………………105
長寿化……………………………………27
つどいの広場事業………………………98
定位家族…………………………………2
ディンクス（DINKs）…………………3
デュークス（DEWKs）…………………3
ドゥーラ…………………………………60
特定保育…………………………………79
特別児童扶養手当………………………109
都市化……………………………………8
ドメスティックバイオレンス…………8

な 行

21世紀出生児縦断調査 ………………50

乳児院………………………… 61, 114
乳児家庭全戸訪問事業…………………75
乳児保育…………………………………20
乳幼児健康支援デイサービス…………62
認可外保育施設………………… 59, 77
認可保育施設……………………………59
認可保育所………………………………77
認定こども園………………… 61, 63, 78
ノンプログラム型子育て支援…………99

は 行

パーソンズ，T.…………………………3
配偶者暴力相談支援センター…………62
発達障害…………………………………106
発達障害者支援センター………………61
発達障害者支援法………………………106
パパ・クウォータ………………………52
母親クラブ………………………………58
判断………………………………………17
人びとの価値観の多様化………………7
秘密保持…………………………………19
病児・病後児保育………………………79
貧困問題…………………………………8
ファミリー・サポート・センター事業
　……………………………………10, 58
夫婦関係…………………………………28
夫婦間の平等……………………………28
フォーマルな社会資源…………………60
複婚家族…………………………………2
福祉型障害児入所施設…………………62
福祉事務所…………………… 61, 113
扶養期間…………………………………25
プライバシーの保護……………………19
ペイドワーク……………………………49
ベビーシッター…………………………60
ベビーホテル……………………………59
保育士……………………………………11

保育施設……………………77	民生委員……………………59
保育所………………………60	森岡清美……………………1
──の役割………………85	**や 行**
保育所等訪問支援……………108	
保育所保育指針………………15	夜間保育……………………79
保育相談……………………92	養育支援訪問事業……………75
放課後子ども教室……………62	幼稚園………………………61
放課後児童クラブ……………62	要保護児童…………………103
放課後児童健全育成事業……75	**ら 行**
放課後等デイサービス………108	
保健所………………………61	ライフサイクル………………25
保護者との信頼関係…………87	倫理…………………………16
保護者に対する支援…………17	老後期間……………………27
保護者への保育指導…………85	老親の介護…………………27
ポジティブ・オフ運動………53	**わ 行**
ボランティア………………38	
ま 行	ワーク・シェアリング………51
	ワーク・ライフ・バランス……5, 46
マードック, G. P. ……………4	

編著者紹介

井村　圭壯（いむら・けいそう）
1955 年生まれ
現　　在　岡山県立大学教授　博士（社会福祉学）　保育士
主要著書　『養老事業施設の形成と展開に関する研究』（西日本法規出版，
　　　　　　2004 年）
　　　　　『戦前期石井記念愛染園に関する研究』（西日本法規出版，
　　　　　　2004 年）
　　　　　『日本の養老院史』（学文社，2005 年）
　　　　　『日本社会福祉史』（編著，勁草書房，2007 年）
　　　　　『社会福祉の成立と課題』（編著，勁草書房，2012 年）
　　　　　『社会福祉の基本と課題』（編著，勁草書房，2015 年）

相澤　譲治（あいざわ・じょうじ）
1958 年生まれ
現　　在　神戸学院大学教授
主要著書　『福祉職員のスキルアップ』（勁草書房，2005 年）
　　　　　『介護福祉実践論』（久美出版，2005 年）
　　　　　『スーパービジョンの方法』（相川書房，2006 年）
　　　　　『相談援助の基盤と専門職』（編著，久美出版，2009 年）
　　　　　『ソーシャルワーク演習　ケースブック』（編著，みらい，
　　　　　　2013 年）

保育と家庭支援論

2015 年 1 月 30 日　第一版第一刷発行
2018 年 1 月 30 日　第一版第二刷発行

編　者　井　村　圭　壯
　　　　相　澤　譲　治
発行所　㈱　学　文　社
発行者　田　中　千　津　子

東京都目黒区下目黒 3-6-1　〒 153-0064
電話 03(3715)1501　振替 00130-9-98842
http://www.gakubunsha.com

©2015　Imura Keiso & Aizawa Jouji
Printed in Japan

落丁・乱丁本は，本社にてお取替えいたします。
定価は売上カード，カバーに表示してあります。
印刷／亨有堂印刷所
ISBN978-4-7620-2499-3　　検印省略